围城

The Besieged City

中国名著简读系列
Abridged Chinese Classic Series

钱锺书　原　著
施光亨　王绍新　改写、注释
韩　晖　注释英译

华语教学出版社
SINOLINGUA

First Edition   1994
Second Edition   2008
Third Printing   2012

ISBN 978-7-80200-390-3
Copyright 2008 by Sinolingua Co., Ltd.
Published by Sinolingua Co., Ltd.
24 Baiwanzhuang Road, Beijing 100037, China
Tel: (86) 10-68320585 68997826
Fax: (86) 10-68997826 68326333
http:// www.sinolingua.com.cn
E-mail: hyjx@sinolingua.com.cn
Printed by Beijing Mixing Printing Co., Ltd.

Printed in the People's Republic of China

简 介

简写本《围城》是供外国人学习汉语的阅读材料。学完汉语基本语法，掌握2500个词语的汉语学习者均可使用。

小说《围城》的作者钱锺书是中国著名学者、古典文学专家、作家。1910年生，江苏无锡人。主要著作有《十六、十七、十八世纪英国文学里的中国》、《谈艺录》、《宋诗选注》、《管锥编》和散文集《写在人生边上》，短篇小说集《人兽鬼》，长篇小说《围城》。钱锺书在学术上、文学创作上都作出了巨大的贡献，受到了学术界、文学界等各方面的推崇，形成了研究钱锺书的专门学问——钱学，并出版了刊物《钱锺书研究》。

《围城》写成于1946年底，出版于1947年。作者说："在这本书里，我想写现代中国某一部分社会、某一类人物"（见《围城》序）。小说的主要人物方鸿渐出身于旧式大家庭，曾留学西欧。他善良，没有实际本领，也无强硬的后台，回国后颠沛流离，社会、家庭的矛盾纠纷使他找不到安身立命之处。小说以方鸿渐的经历为线索，描绘了抗战时期病态社会中一部分上层知识分子卑琐、无聊的生活，因为作品成功地揭露和辛辣地讽刺了这些社会现象，被誉为新《儒林外史》。该书1949年前曾印过三次，1980年以后多次重印。在国外有俄、日、英、德、法等语言的多种译本。

《围城》原著 23 万字,简写本约 4 万字,在改写过程中,注意外国人学习汉语的特点,在展现汉语基本语法规则的同时,努力提供这些规则在自然语言中复杂、变化的种种形式。词汇方面,在初级阶段已掌握的大量词语在本书中得到不断重现的机会,并在词义和功能方面较初级汉语教材有所扩展。

考虑到本书使用者已有一定的汉语基础和自学能力,为鼓励他们养成和提高根据上下文理解并掌握语言的技巧,有些相类的生词可举一反三的,在注释中只举其一,而不求全尽列,如已经有了"未婚夫"就没有再列出"未婚妻"。

本书练习有"想一想"和"说一说"两项。使用者可根据书末"想一想"的答案,检查自己的理解是否正确,"说一说"是为了练习表述。本书如果做教材,教师可以这两项作为课堂练习之用,在阅读速度上可有逐步递增的要求。

本书在改写中努力保持原书的主要情节。因此,对《围城》或中国现代文学有兴趣而没有机会阅读原著者,也可以从中大致了解原著的内容,或先读简写本,进而阅读原著。

2008 年修订时,在保留原文字基础上增加了全文拼音标注,并对生词及习语进行了编排调整,使阅读更加便捷流畅。

我们借此衷心感谢原作者钱锺书先生,他在年高"谢客谢事"之时,亲笔赐函慨允将《围城》改编为汉语读物。

编者
2008 年 1 月

目录

The Besieged City

Contents

主要人物表

方鸿渐　Fāng Hóngjiàn 留学西欧,后当过三闾大学副教授。

苏小姐（文纨）　Sū xiǎojiě（Wénwán）方鸿渐大学时的同学,留法博士。

鲍小姐　Bào xiǎojiě 从法国回国的旅客,留学伦敦。

方老先生　Fāng lǎo xiānsheng 方鸿渐的父亲。

周经理　Zhōu jīnglǐ 方鸿渐死去的未婚妻周小姐的父亲。

唐小姐（晓芙）　Táng xiǎojiě（Xiǎofú）大学生,苏小姐的表妹。

赵辛楣　Zhào Xīnméi 留学美国,报馆编辑,后为三闾大学教授,政治系主任。

曹元朗　Cáo Yuánlǎng 留学英国,诗人。

褚慎明　Chǔ Shènmíng 哲学家。

董斜川　Dǒng Xiéchuān 诗人。

李梅亭　Lǐ Méitíng 三闾大学中国文学系教授,后代训导长。

顾尔谦　Gù Ěrqiān 三闾大学历史系副教授。

孙小姐（柔嘉）　Sūn xiǎojiě（Róujiā）三闾大学外文系助教,后与方鸿渐结婚。

高松年　Gāo Sōngnián 理科教授,三闾大学校长。

汪处厚　Wāng Chǔhòu 三闾大学中国文学系主任。

刘东方　Liú Dōngfāng 三闾大学外文系主任。

韩学愈　Hán Xuéyù 三闾大学历史系主任。

陆子潇　Lù Zǐxiāo 三闾大学历史系教授。

汪太太　Wāng Tàitai 汪处厚的妻子。

范小姐（懿）　Fàn xiǎojiě（Yì）三闾大学讲师。

一、印度洋上

Chuán zǎo yǐ guòle Hónghǎi, zhèng zài Yìndùyáng
船 早 已 过了 红海[1]，正 在 印度洋[2]

shang xíngshǐ. Xiànzài shì qī yuè xiàxún, zhèng shì Zhōngguó
上 行驶。现在 是 七月 下旬[3]，正 是 中国

jiùlì de sānfú, yì nián li zuì rè de shíhou. Zài
旧历❶的 三伏❷，一年 里 最热 的 时候。在

Zhōngguó rè de gèng bǐ píngcháng de niántóu lìhai,
中国 热 得 更 比 平常 的 年头[4] 厉害[5]，

hòulái dàjiā dōu shuō shì bīnggēzhīxiàng, yīnwèi zhè yì
后来 大家 都 说 是 兵戈之象❸，因为 这 一

niánzhèng shì nián.
年 正 是 1937 年。

Zhè tiáo Fǎguó chuán zhèng xiàng Zhōngguó kāi lái. Zǎochen bā
这条 法国 船 正 向 中国 开来。早晨 八

diǎn duō zhōng, sānděngcāng jiǎbǎn shang yǐjīng yǒule hěn duō rén,
点 多钟，三等舱[6]甲板[7]上 已经 有了 很多人，

yǒu Fǎguórén, cóng Déguó liúwáng chūlái de Yóutàirén,
有 法国人，从 德国 流亡[8] 出来 的 犹太人[9]❹、

Yìndùrén, Ānnánrén, hái yǒu Zhōngguórén. Zhèxiē
印度[10]人、安南❺人，还 有 中国人。这些

Zhōngguórén zhōng yǒu shí lái gè liúxuéshēng, tāmen bìxū zài
中国人 中 有 十来 个 留学生，他们 必须 在

shǔjià chū huí guó, cái kěyǐ yǒu shíjiān mànmàn de zhǎo
暑假 初 回国，才 可以 有 时间 慢慢 地 找

1. 红海：the Red Sea
2. 印度洋：the Indian Ocean
3. 下旬：the last ten-day period of a month
4. 年头：year
5. 厉害：terrible
6. 舱：cabin
7. 甲板：deck
8. 流亡：to go into exile
9. 犹太人：Jews
10. 印度：India

1

职业[1]，那些不怕找不到职业的留学生，要到秋天天气凉快了才动身[2]回国。船上这几位在一起谈到外患[3]内乱[4]的祖国，都希望立刻回去为它服务。但是船走得很慢，有些人就在餐厅里打起麻将[5]来。吃过早饭，甲板上只看得见两个中国女人：苏小姐和孙太太，还有孙太太的孩子。

苏小姐戴着太阳镜[6]，身上放着一本打开了的小说，年龄看上去只有二十五六。孙太太已有三十开外[7]，她一边照顾孩子，一边夸苏小姐："你学问[8]那么好，还成天[9]看书；人又美，又是博士[10]，这样的人到哪里去找？"接着又抱怨[11]孙先生爱赌钱[12]，还输了不少。

1. 职业：occupation, job
2. 动身：to set out on a journey
3. 外患：foreign aggression
4. 内乱：internal chaos
5. 麻将：mahjong
6. 太阳镜：sunglas-ses
7. 开外：over; more than
8. 学问：knowledge, learning
9. 成天：all day long
10. 博士：Ph D, doctor
11. 抱怨：to complain
12. 赌钱：gambling

Sū xiǎojiě běnlái bù xǐhuan Sūn tàitai, tīngle tā de
苏 小 姐 本 来 不 喜 欢 孙 太 太，听 了 她 的

bàoyuàn, jiù lěnglěng de shuō: "Fāng xiānshengdào bù dǔ."
抱 怨，就 冷 冷 地¹ 说："方 先 生 倒 不 赌。"

Sūn tàitai dào: "Fāng xiānsheng? Tā xià chuán de
孙 太 太 道："方 先 生？他 下 船 的

shíhou yě dǎguò pái, xiànzài mángzhe zhuīqiú Bào xiǎojiě,
时 候 也 打 过 牌²，现 在 忙 着 追 求³ 鲍 小 姐，

dāngrán fēn bù chū gōngfu lái. Wǒ kàn tāmen liǎ yàohǎo de
当 然 分 不 出 工 夫 来。我 看 他 们 俩 要 好⁴ 得

hěn, yěxǔ chuán dào Xiānggǎng, jiù huì dìnghūn."
很，也 许 船 到 香 港⁵，就 会 订 婚⁶。"

Sū xiǎojiě tīngle yǐhòu, xīnli hěn bù shūfu,
苏 小 姐 听 了 以 后，心 里 很 不 舒 服，

huídá Sūn tàitai tóngshí yòu ānwèi zìjǐ dào: "Nà jué bù
回 答 孙 太 太 同 时 又 安 慰 自 己 道："那 绝 不

kěnéng! Bào xiǎojiě yǒu wèihūnfū, tā liúxué de qián
可 能！鲍 小 姐 有 未 婚 夫⁷，她 留 学 的 钱

háishi tā wèihūnfū gěi de."
还 是 她 未 婚 夫 给 的 。"

Zhèng shuōzhe, Bào xiǎojiě hé Fāng xiānsheng xiānhòu láidào
正 说 着，鲍 小 姐 和 方 先 生 先 后 来 到

jiǎbǎn shang. Sū xiǎojiě yǎn kàndào tāmen liǎ zài yìqǐ
甲 板 上。苏 小 姐 眼 看 到 他 们 俩 在 一 起

shífēn qīnrè, ěr tīngdé Bào xiǎojiě de shuōxiào shēng, qì de
十 分 亲 热，耳 听 得 鲍 小 姐 的 说 笑 声，气 得

shēn shang fālěng, biàn dào chuáncāng li qù le.
身 上 发 冷，便 到 船 舱 里 去 了 。

Fāng xiānsheng jiào Fāng Hóngjiàn, èrshíqī suì. Fùqin
方 先 生 叫 方 鸿 渐⁸，二 十 七 岁。父 亲

1. 冷冷地: coldly
2. 打牌: to play cards
3. 追求: to chase; to go after
4. 要好: on good terms
5. 香港: Hong Kong
6. 订婚: to get engaged
7. 未婚夫: fiance
8. 方鸿渐: Fang Hong-jian, name

3

是 前清 的 举人❻。他们本乡¹有个姓周

的，在 上 海 发 了 财，又 组 织 了 一 家 小

银行，自己当 经理²，便 想 把 女 儿 嫁 给

举人的儿子。方鸿渐因此由父母做主跟

周家小姐订了婚。那时他在高中读书，

对此并不关心。两年后到北平❼进了

大学，看到男女同学在一起，谈情说爱³，便

想起了自己的未婚妻只在高中读了一年

书，很不满意，于是给家里写了封信，

要求解除⁴婚约⁵。没想到父亲回信把他

痛骂了一顿，并要他回家结婚，不要再上

大学了。方鸿渐连忙写信给父亲请求

原谅，并要求到毕业后再结婚。想不到

到了四年级，也就是毕业前的一年，他的

未婚妻突然得病死了。父亲在告诉他

1. 本乡: hometown

2. 经理: manager

3. 谈情说爱: to talk
love

4. 解除: to renounce;
to call off

5. 婚约: engagement

4

围城

The Besieged City

zhège xiāoxi de xìn shang, hái yào tā gěi zhàngren qù xìn
这个消息的信上，还要他给丈人[1]去信

wèiwèn. Fāng Hóngjiàn méiyǒule hūnyuē, xīnli hěn
慰问[2]。方鸿渐没有了婚约，心里很

kuàihuo, dàn duì Zhōu xiǎojiě de qùshì, yě yǒuxiē
快活，但对周小姐的去世[3]，也有些

liánmǐn, biàn gěi méi guòmén de zhàngren xiěle yì fēng hěn
怜悯[4]，便给没过门❽的丈人写了一封很

cháng de wèiwènxìn. Zhōu jīnglǐ jiēdào zhè fēng wèiwènxìn
长的慰问信。周经理接到这封慰问信

juéde nǚxu hěn zhīlǐ, huí xìn shuō：Nǚ'ér suīrán méi
觉得女婿[5]很知礼[6]，回信说：女儿虽然没

guòmén, zhàngren hé nǚxu de guānxi bù gǎi, bìng bǎ běnlái
过门，丈人和女婿的关系不改，并把本来

zhǔnbèi nǚ'ér jiéhūn de qián gěi Fāng Hóngjiàn zuò míngnián
准备女儿结婚的钱给方鸿渐作明年

bìyè hòu liúxué de fèiyòng. Fāng Hóngjiàn zuòmèng dōu méi
毕业后留学的费用[7]。方鸿渐做梦都没

xiǎngdàoyǒu zhèyàng de hǎoshì. Tā jìn dàxué de shíhou shì
想到有这样的好事。他进大学的时候是

zài shèhuìxuéxì, hòulái zhuǎndào zhéxuéxì, zuìhòu
在社会学[8]系[9]，后来转到哲学[10]系，最后

yòu zhuǎndào Zhōngguó wénxuéxì bìyè. Xué Zhōngguó wénxué de
又转到中国文学系毕业。学中国文学的

rén chū guó qù liúxué, jiù xiàng fùrén yǒule qián yào huànchéng
人出国去留学，就像富人有了钱要换成

wàihuì yíyàng, wèi de shì tígāo zìshēn de jiàzhí.
外汇[11]一样，为的是提高自身[12]的价值。

Fāng Hóngjiàn dàole Ōuzhōu, bìng méiyǒu yánjiū shénme
方鸿渐到了欧洲[13]，并没有研究什么

1. 丈人：father-in-law

2. 慰问：to express condolences

3. 去世：to pass away

4. 怜悯：sympathy

5. 女婿：son-in-law

6. 知礼：well-mannered

7. 费用：expenses

8. 社会学：sociology

9. 系：department

10. 哲学：philosophy

11. 外汇：foreign currency

12. 自身：self

13. 欧洲：Europe

zhuānmén de xuéwen. Sì nián li huànle sān gè dàxué, cóng
专门的学问。四年里换了三个大学,从

Lúndūn dào Bālí, yòu dàole Bólín. Dì-sì nián
伦敦[1]到巴黎[2],又到了柏林[3]。第四年

chūntiān, yuánlái zhǔnbèi de qián yǐjīng méiyǒu duōshǎo le, jiù
春天,原来准备的钱已经没有多少了,就

jìhuà huí guó. Kěshì, tā fùqin lái xìn wèn tā shìfǒu yǐ
计划回国。可是,他父亲来信问他是否已

déle bóshì xuéwèi, shuō Zhōu jīnglǐ chūle bù shǎo qián,
得了博士学位[4],说周经理出了不少钱,

yīnggāi duìdeqǐ tā. Zhōu jīnglǐ yě lái xìn shuō, nǐ
应该对得起他。周经理也来信说,你

fùqin shì qián-Qīng de jǔrén, nǐ yě yīnggāi shì ge yáng
父亲是前清的举人,你也应该是个洋[5]

jìnshì cái hǎo. Fāng Hóngjiàn zhè cái míngbai bóshì xuéwèi de
进士才好。方鸿渐这才明白博士学位的

zhòngyào, dànshì wúlùn shì zìjǐ zuò yánjiū, háishi qǐng rén
重要,但是无论是自己作研究,还是请人

dài zuò lùnwén, dōu yǐjīng láibují le. Yì tiān, tā zài
代做论文,都已经来不及了。一天,他在

Bólín túshūguǎn de yì běn jiù zázhì li fāxiànle yí gè
柏林图书馆的一本旧杂志里发现了一个

guǎnggào, shuō shì Měiguó yǒu ge Kèláidēng Xuéxiào, lǐmian
广告[6],说是美国有个克莱登学校[7],里面

yǒu hánshòu bān, bìyè shí kě gěi xuéwèi. Tā jiù qù xìn
有函授[8]班,毕业时可给学位。他就去信

liánxi, cóng huíxìn zhōng tā yǐ míngbai zhè shì yí gè mài jiǎ
联系,从回信中他已明白这是一个卖假

wénpíng de dìfang, dànshì tā xiǎng fǎnzhèng zhǐshì wèile ràng
文凭[9]的地方,但是他想反正只是为了让

1. 伦敦: London
2. 巴黎: Paris
3. 柏林: Berlin
4. 学位: degree
5. 洋: foreign
6. 广告: advertisement
7. 克莱登学校: Kleiden College
8. 函授: teaching by correspondence
9. 文凭: diploma

fùqin hé zhàngren mǎnyì, zìjǐ jiānglái zhǎo zhíyè shí
父亲和丈人满意，自己将来找职业时

lǚlì shang jué bù xiě zhège xuéxiào, yúshì biàn xiān
履历¹上决不写这个学校，于是便先

jìqùle sānshí měiyuán. Děngdào Měiguó fāngmiàn bǎ
寄去了三十美元。等到美国方面把

bóshì wénpíng jìlái yǐhòu, tā huí xìn shuō, jīngguò
博士文凭寄来以后，他回信说，经过

diàochá, Měiguó méiyǒu zhèyàng yì suǒ xuéxiào, wénpíng shì jiǎ
调查，美国没有这样一所学校，文凭是假

de, xīwàng yǐhòu búyào zài zhèyàng zuò le. Yuánlái yīnggāi
的，希望以后不要再这样做了。原来应该

zài shōudào wénpíng hòu zài jìqù de qīshí měiyuán tā yě
在收到文凭后再寄去的七十美元他也

zhǐ jìqù shí měiyuán, zhè yěxǔ shì nàge shíqí Zhōngguó
只寄去十美元，这也许是那个时期中国

wàijiāo shǐ shang wéiyī de yí cì shènglì.
外交史上唯一²的一次胜利。

Fāng Hóngjiàn jiēzhe yòu qù zhàoxiàngguǎn zhàole yì zhāng
方鸿渐接着又去照相馆照了一张

bóshì zhào, gěi fùqin hé zhàngren gè jìle yì zhāng; xìn
博士照，给父亲和丈人各寄了一张；信

shangshuō zhè jiàn shì yídìng búyào duì biérén jiǎng. Zhèxiē
上说这件事一定不要对别人讲。这些

shìqing bànwán yǐhòu, tā yòu huí Fǎguó ānxīn de wánle
事情办完以后，他又回法国安心³地玩了

jǐ xīngqī, cóng nàr chéng chuán huí guó, zài chuán shang
几星期，从那儿乘船回国，在船上

yùjiànle cóngqián de dàxué tóngxué Sū Wénwán xiǎojiě.
遇见了从前的大学同学苏文纨⁴小姐。

1. 履历: personal details; personal vitae

2. 唯一: only

3. 安心: to set one's mind at rest

4. 苏文纨: Su Wen-wan, name

9

Sū xiǎojiě zài Fǎguó yánjiū Fǎguó wénxué, déle bóshì.
苏小姐在法国研究法国文学,得了博士。

Tā yǐqián shì kànbuqǐ Fāng Hóngjiàn de, kěshì xiànzài
她以前是看不起方鸿渐的,可是现在

niánlíng dà le, hái méiyǒu jiéhūn, biàn hěn yuànyì lìyòng
年龄大了,还没有结婚,便很愿意利用[1]

tóng chuán de jīhuì, ràng tā gēn zìjǐ qīnjìn; méi xiǎngdào
同船的机会,让他跟自己亲近[2];没想到

chuán shang hái yǒu yí gè Bào xiǎojiě. Bào xiǎojiě yǐjīng
船上还有一个鲍小姐。鲍小姐已经

dìnghūn. Tā de wèihūnfū Lǐ yīshēng chū qián ràng tā dào
订婚。她的未婚夫李医生出钱让她到

Lúndūn liúxué. Bào xiǎojiě cóngxiǎo hěn línglì, shì gè fēngliú
伦敦留学。鲍小姐从小很伶俐[3],是个风流[4]

nǚzǐ, dì-yī cì yùjiàn Fāng Hóngjiàn jiù juéde tā kěyǐ dāng
女子,第一次遇见方鸿渐就觉得他可以当

zìjǐ lǚxíng zhōng de bànlǚ, liǎng gè rén dǎ de huǒrè.
自己旅行中的伴侣[5],两个人打得火热[6]。

Sū xiǎojiě duì Fāng Hóngjiàn jiù yuè lái yuè lěngdàn le.
苏小姐对方鸿渐就越来越冷淡[7]了。

Jǐ tiān yǐhòu, chuán dàole Xīgòng. Sū xiǎojiě yīnwèi
几天以后,船到了西贡[8]。苏小姐因为

yǒu qīnqi zài zhèr zuòshì, yí gè rén xiān xià chuán zǒu le.
有亲戚[9]在这儿做事,一个人先下船走了。

Fāng Hóngjiàn hé Bào xiǎojiě gēn dàjiā yìqǐ xià chuán chīle
方鸿渐和鲍小姐跟大家一起下船吃了

wǎnfàn, yòu yìqǐ dào wǔtīng tiàowǔ, dào shí'èr diǎn duō cái huí
晚饭,又一起到舞厅跳舞,到十二点多才回

chuán. Lùshang, Bào xiǎojiě duì Fāng Hóngjiàn dào: "Jīntiān wǒ
船。路上,鲍小姐对方鸿渐道:"今天我

1. 利用: to make use of; to take advantage of

2. 亲近: intimate

3. 伶俐: clever and bright

4. 风流: unconventional in life style

5. 伴侣: companion

6. 打得火热: to be extremely intimate

7. 冷淡: frigid

8. 西贡: Saigon

9. 亲戚: relative

de tóngcāng Sū xiǎojiě bù huílái le."
的同舱苏小姐不回来了。"

"Wǒ tóngcāng de Ānnánrén yě shàng àn le."
"我同舱的安南人也上岸了。"

"Zánmenliǎ jīntiān dōu shì yí gè rén shuì." Bào
"咱们俩今天都是一个人睡。"鲍

xiǎojiě yòu shuō.
小姐又说。

Fāng Hóngjiàn juéde tā de huà li hǎoxiàng hái yǒu méi shuō
方鸿渐觉得她的话里好像还有没说

chūlái de yìsi, quánshēn de xiě dōu shēngshàng liǎn lái.
出来的意思，全身的血都升上脸来。

Dànshì tā méiyǒu láidejí shuōhuà, yīnwèi qiánmian zǒu de
但是他没有来得及说话，因为前面走的

rén zhèng huíguò tóu lái jiào tāmen. Huí dào cāng li yǐhòu,
人正回过头来叫他们。回到舱里以后，

tā xiǎng qù zhǎo Bào xiǎojiě, yòu pà Bào xiǎojiě de huà méiyǒu
他想去找鲍小姐，又怕鲍小姐的话没有

bié de yìsi. Zhèshí, hūrán tīngdào cāng wài de
别的意思。这时，忽然听到舱外的

jiǎobùshēng cóng yuǎnchù guòlái, tā dǎkāi mén, wéndào Bào
脚步声[1]从远处过来，他打开门，闻到鲍

xiǎojiě shēnshang fā chūlái de xiāngwèi.
小姐身上发出来的香味。

Dì-èr tiān zǎochen, Fāng Hóngjiàn jiǔ diǎn duō zhōng cái
第二天早晨，方鸿渐九点多钟才

xǐnglái, zhídào Bào xiǎojiě zài cāng wài jiào tā cái qǐchuáng.
醒来，直到鲍小姐在舱外叫他才起床。

1. 脚步声: sound of foot steps

Liǎng rén yìqǐ chī zǎofàn de shíhou, nàge guǎn Fāng Hóngjiàn
两人一起吃早饭的时候，那个管方鸿渐

11

fáng cāng de shìzhě Ā Liú xiàng tā shēnchū shǒu lái, shǒuxīn
房舱的侍者[1]阿刘向他伸出手来,手心[2]

li shì sān zhī nǚrén tóu shang de fàchāi, shuō: "Fāng
里是三只女人头上的发钗[3],说:"方

xiānsheng, zhè shì cóng nǐ chuángshang jiǎndào de."
先生,这是从你床上捡到的。"

Bào xiǎojiě zài pángbiān tīngle liǎn fēi hóng, Fāng Hóngjiàn
鲍小姐在旁边听了脸飞红,方鸿渐

gěile Ā Liú sānbǎi fǎláng, Ā Liú bǎ fàchāi gěile tā,
给了阿刘三百法郎[4],阿刘把发钗给了他,

tā bàozhe qiàn yòu bǎ fàchāi huán gěi Bào xiǎojiě, Bào xiǎojiě
他抱着歉又把发钗还给鲍小姐,鲍小姐

shēngqì de ná guòlái rēng zài dì shang, shuō: "Shéi hái yào
生气地拿过来扔在地上,说:"谁还要

zhè dōngxi! Jīngguòle nà jiāhuo de zāngshǒu!"
这东西!经过了那家伙的脏手!"

Zhè yì tiān tāmen hěn bú shùnlì, zuò chē zǒucuòle
这一天他们很不顺利,坐车走错了

dìfang, mǎi dōngxi fùcuòle qián, chī xīcān búdàn wèidào
地方,买东西付错了钱,吃西餐不但味道

bùhǎo, hái ràng Bào xiǎojiě nàole yì tiān dùzi. Dì-èr
不好,还让鲍小姐闹了一天肚子。第二

tiān chī wǎnfàn de shíhou, Bào xiǎojiě tūrán gēn Sū xiǎojiě
天吃晚饭的时候,鲍小姐突然跟苏小姐

shífēn qīnrè, yǒu shuō yǒu xiào, Fāng Hóngjiàn lián gēn tā
十分亲热,有说有笑,方鸿渐连跟她

shuōhuà de jīhuì dōu méiyǒu. Tā bù míngbai tā wèi shénme
说话的机会都没有。他不明白她为什么

gǎibiànle tàidu.
改变了态度[5]。

1. 侍者: waiter

2. 手心: palm

3. 发钗: hairpin

4. 法郎: franc

5. 态度: attitude, manner

Chuán mǎshàng yào dào Xiānggǎng le. Chī zǎofàn de
船 马上 要 到 香港 了。吃 早饭 的

shíhou, Fāng Hóngjiàn wèn Bào xiǎojiě: "Nǐ xíngli duō, yào
时候,方 鸿渐 问 鲍 小姐:"你 行李¹ 多,要

bú yào wǒ sòng nǐ xià chuán?"
不要 我 送 你 下 船 ?"

Bào xiǎojiě lěnglěng de huídá shuō: "Xièxie nǐ!
鲍 小姐 冷冷 地 回答 说:"谢谢 你!

Bú yòng láo nǐ jià, Lǐ xiānsheng huì dào chuán shang lái jiē
不用 劳 你 驾,李 先生 会 到 船 上 来 接

wǒ de."
我 的。"

Fāng Hóngjiàn yí gè rén láidào jiǎbǎn shang, kànzhe
方 鸿渐 一个人 来到 甲板 上 ,看着

chuán kàojìnle mǎtóu. Yíngjiē kèrén de rén zǒushàng
船 靠近了 码头²。迎接 客人 的 人 走上

chuán lái, Bào xiǎojiě pūxiàngle yí gè hēi pàngzi huái li.
船 来,鲍 小姐 扑向了 一个 黑 胖子 怀里。

Tā xiǎng zhè yídìng shì Lǐ yīshēng. Tā xiànzài míngbai le,
他 想 这 一定 是 李 医生。他 现在 明白 了,

zìjǐ shòule Bào xiǎojiě de piàn. Zhèshí, bèi hòu
自己 受了 鲍 小姐 的 骗³。这时,背后⁴

chuánláile Sū xiǎojiě de shēngyīn, dào: "Fāng xiānsheng bú
传来了 苏 小姐 的 声音,道:"方 先生 不

xià chuán? Rénjiā qù le, méi rén péi la."
下 船 ?人家 去 了,没 人 陪啦。"

Fāng Hóngjiàn zhuǎnguò shēn, kànjiàn Sū xiǎojiě yǐ
方 鸿渐 转过 身,看见 苏 小姐 已

zhuāngbànqízhěng, biàn shuō: "Wǒ yào péi nǐ, jiù pà méi
装扮⁵ 齐整,便 说:"我 要 陪⁶ 你,就 怕 没

1. 行李: luggage
2. 码头: dock
3. 受骗: to be deceived
4. 背后: behind one's back
5. 装扮: to dress up
6. 陪: to accompany

13

zhè fúqi ya!"
这 福气¹ 呀！"

Sū xiǎojiě dào: "Wǒ yào qù lǐfàdiàn xǐ tóufa,
苏 小 姐 道："我 要 去 理发店 洗 头发，

nǐ kěn péi wǒ yìqǐ qù ma?"
你 肯² 陪 我 一起 去 吗？"

Fāng Hóngjiàn dào: "Wǒ yě zhèng yào qù lǐfà, lǐwán
方 鸿 渐 道："我 也 正 要 去 理发，理完

fà wǒ qǐng nǐ chīfàn, wǎnshang kàn diànyǐng." Sū xiǎojiě
发 我 请 你 吃饭，晚上 看 电影。"苏 小 姐

kuā tā xiǎng de zhōudào.
夸他 想 得 周到。

Èrshí fēnzhōng yǐhòu, Ā Liú kànjiàn Fāng Hóngjiàn
二十 分钟 以后，阿 刘 看见 方 鸿 渐

fúzhe Sū xiǎojiě xiàle chuán, tā shífēn jīngyà de
扶着 苏 小 姐 下了 船 ，他 十分 惊讶³ 地

tùle yì kǒu tùmo.
吐了 一 口 吐沫⁴。

1. 福气: good fortune

2. 肯: to be willing to

3. 惊讶: astonished, surprised

4. 吐沫: saliva

Tips

❶旧历: The lunar or agricultural calendar established in ancient China. It is in use together with the solar calendar today.

❷三伏: The three periods of the dog days. In the lunar calendar, the hottest days of the year are called 三伏 or the "dog days" and are divided into the early, the middle and the late periods. Late July is the beginning of the dog days. Here, 三伏 refers to all three periods, but it can also refer to the third period.

❸兵戈之象: In ancient China, 兵 is a broad term referring to

weapons. 戈 is a specific kind of ancient weapons. 兵戈之象: a symbol of war. On July 7th, 1937, the Japanese invaders attacked Marco Polo Bridge in the southern suburbs of Beijing, marking the beginning of the all-out war between China and Japan. And on August 13th the same year, they attacked Shanghai.

❹从德国流亡出来的犹太人: Jews who had been fleeing in great numbers from Germany since persecution began by the fascist government under Hitler.

❺安南: An old name for Vietnam.

❻前清的举人: 前清, the Qing Dynasty (1644 ~ 1911). 举人, graduate of the provincial imperial examination, which was held every three years under the Qing Dynasty examination system to select talented intellectuals to fill in official posts. Graduates of the provincial examination competed in the palace examination to become 进士.

❼北平: Beiping, the name of Beijing between the year 1928 and October 1st, 1949.

❽没过门: 过门 refers to the engaged couple going through wedding procedure, whereby the wife goes to live with her husband's home. 没过门 means that the couple is only engaged without going through wedding procedure, and the girl still lives with her parents. Here in this text, the term is used humorously to refer to Fang Hongjian's perspective father-in-law.

Exercises

1. 方鸿渐在七月下旬回国是因为 （　　）
   A. 他不想到秋天天气凉快了再回国
   B. 他要暑假里找职业
   C. 鲍小姐请他一起回国

2. 周经理在女儿去世后出钱让方鸿渐出国留学,是因为 （　　）
   A. 本来准备给女儿结婚的钱很多
   B. 要提高方鸿渐自身的价值
   C. 方鸿渐给他写了一封很长的慰问信

3. 方鸿渐向克莱登学校买假博士文凭,是因为 （　　）
   A. 四年里他在伦敦、巴黎和柏林的三个大学里读了书
   B. 父亲和丈人希望他有博士学位
   C. 原来准备的钱没有多少了,他要回国了

4. 鲍小姐在船上跟方鸿渐打得火热,是因为 （　　）
   A. 方鸿渐在打牌赌钱
   B. 苏小姐看不起方鸿渐
   C. 鲍小姐认为他是旅行中的伴侣

5. 苏小姐对方鸿渐态度冷淡,是因为 （　　）
   A. 她研究法国文学的博士
   B. 她不愿意接近方鸿渐
   C. 方鸿渐跟鲍小姐打得火热

Questions

1. 请你说一说方鸿渐第一次婚姻的经过。

2. 方鸿渐给父亲和丈人寄去了博士照以后,为什么不让他们对别人讲?

3. 方鸿渐和鲍小姐为什么没有订婚?

二、博士回乡

Fāng Hóngjiàn péi Sū xiǎojiě zài Xiānggǎng wánle liǎng tiān,
方鸿渐陪苏小姐在香港玩了两天,

liǎng gè rén shífēn qīnmì.　Nà jǐ gè tóng chuán de xuésheng
两个人十分亲密。那几个同船的学生

kàndào tā cái líkāi Bào xiǎojiě, yòu huànshàngle Sū xiǎojiě,
看到他才离开鲍小姐,又换上了苏小姐,

dōu kāi tā de wánxiào.
都开他的玩笑。

Xiānggǎng dào Shànghǎi yǒu wǔ–liù tiān de lùchéng.　Kāi
香港到上海[1]有五六天的路程。开

chuán yǐhòu, Fāng Hóngjiàn hé Sū xiǎojiě zài jiǎbǎn shang chī
船以后,方鸿渐和苏小姐在甲板上吃

Xiānggǎng mǎi de shuǐguǒ, chīwán hòu, Fāng Hóngjiàn cóng kùzi
香港买的水果,吃完后,方鸿渐从裤子

kǒudài li náchū shǒupà lái cā shǒu.　Sū xiǎojiě jiànle
口袋里拿出手帕[2]来擦手。苏小姐见了

chījīng de shuō:　"Nǐ de shǒupà zěnme nàme zāng!"
吃惊[3]地说:"你的手帕怎么那么 脏!"

Shuōzhe jiù náchū tā zìjǐ de shǒupà lái ràng tā cā zuǐ.
说着就拿出她自己的手帕来让他擦嘴。

Xià dào cāng li yǐhòu, Sū xiǎojiě yòu náchū yí kuài shǒupà
下到舱里以后,苏小姐又拿出一块手帕

lái ràng tā "Zànshí yòng zhe", bìng yào tā bǎ suǒyǒu de
来让他"暂时[4]用 着",并要他把所有的

1. 上海：Shanghai

2. 手帕：handkerchief

3. 吃惊：surprised

4. 暂时：for the time being

zāng shǒupà ná chūlái, tā gěi tā xǐ. Dì-èr tiān, Fāng
脏 手帕 拿 出来，她 给 他 洗。第 二 天，方

Hóngjiàn wèi tā bān yǐzi shí, chènshānshang diào xiàlái liǎng gè
鸿渐 为 她 搬 椅子 时，衬衫 上 掉 下来 两 个

niǔkòu, Sū xiǎojiě yòu jiào tā bǎ chènshān huàn xiàlái jiāogěi
纽扣[1]，苏 小姐 又 叫 他 把 衬衫 换 下来 交给

tā féngshàng. Zhè shǐ Fāng Hóngjiàn hěn bù hǎoyìsi. Sū
她 缝上。这 使 方 鸿渐 很 不 好意思。苏

xiǎojiě què shuō tā "Pópo-māmā", tā zhǐhǎo fúcóng tā
小姐 却 说 他"婆婆 妈妈[2]"，他 只好 服从[3] 她

de hǎoyì, kěshì xīnli yòu yǒuxiē hàipà, yīnwèi xǐ
的 好意[4]，可是 心里 又 有些 害怕，因为 洗

shǒupà, féng niǔkòu, dōu shì qīzi tì zhàngfu zuò de shì.
手帕、缝 纽扣，都 是 妻子 替 丈夫 做 的 事。

Zhōng Rì guānxi yì tiān bǐ yì tiān huài, dàjiā dōu hěn
中 日 关系 一天 比 一天 坏，大家 都 很

yōulǜ. Xìngkuī bā yuè jiǔ rì xiàwǔ chuán dào Shànghǎi,
忧虑[5]。幸亏[6]八 月 九 日 下午 船 到 上海，

hái méiyǒu fāshēng zhànzhēng. Sū xiǎojiě bǎ dìzhǐ gěile
还 没有 发生 战争。苏 小姐 把 地址[7]给了

Fāng Hóngjiàn, yào tā qù wán. Tā shuō xiān huí jiā kànwàng
方 鸿渐，要 他 去 玩。他 说 先 回 家 看望[8]

fùmǔ, yǐhòu yídìng lái Shànghǎi bàifǎng tā.
父母，以后 一定 来 上海 拜访[9] 她。

Fāng Hóngjiàn xiān dàole Zhōu jīnglǐ jiā, zhǔnbèi dì-sān
方 鸿渐 先 到了 周 经理 家，准备 第三

tiān huí jiāxiāng. Zhàngren zhàngmu jiànle tā, huānxǐ de
天 回 家乡。丈人 丈母[10]见了 他，欢喜 得

liǎobudé. Tā sònggěi tāmen wàiguó de lǐwù, zhàngmu
了不得。他 送给 他们 外国 的 礼物，丈母

1. 纽扣：button

2. 婆婆妈妈：fussing over trifles

3. 服从：to obey

4. 好意：kindness

5. 忧虑：to worry

6. 幸亏：fortunately

7. 地址：address

8. 看望：to call on

9. 拜访：to visit

10. 丈母：mother-in-law

yīncǐ xiǎngqǐ sǐqù wǔ nián de nǚ'ér, yòu shāngxīn qǐlái.
因此想起死去五年的女儿，又伤心起来。

Zhàngren shuō jīntiān shì kuàilè de rìzi, búyào tí nàxiē
丈人 说今天是快乐的日子，不要提¹那些

shì. Chī wǎnfàn de shíhou, Zhōu jīnglǐ zhīdào Fāng Hóngjiàn
事。吃晚饭的时候，周经理知道方鸿渐

hái méiyǒu zhǎodào zhíyè, ānwèi tā shuō: "Nǐ xiān zài wǒ
还没有找到职业，安慰他说："你先在我

yínháng li guàmíng, yímiàn zài zhǎo jīhuì." Fāng Hóngjiàn
银行里挂名²，一面再找机会。"方鸿渐

zhēn shì gǎnjī, liánmáng xièle zhàngren. Zhàngmǔ yòu tíqǐ
真是感激，连忙谢了丈人。丈母又提起

tā de hūnshì, yào wèi tā zuòméi, xiǎojiùzi què wèn tā
他的婚事，要为他做媒³，小舅子⁴却问他

rènshi bú rènshi xìng Sū de nǚ liúxuéshēng. Fāng Hóngjiàn
认识不认识姓苏的女留学生。方鸿渐

xiàle yí tiào, xīnli xiǎng tā shì zěnme zhīdào de ne?
吓了一跳，心里想他是怎么知道的呢？

Yuánlái Zhōu jīnglǐ jiēdào nǚxu déle bóshì xuéwèi de xìn
原来周经理接到女婿得了博士学位的信

hòu, biàn zài bào shang dēngle yì tiáo xiāoxi, dēng zài yìqǐ
后，便在报上登了一条消息，登在一起

de hái yǒu Sū Wénwán dé bóshì huí guó de xiāoxi. Bào
的还有苏文纨得博士回国的消息。报

shang shuō, běn shì mǒu yínháng Zhōu jīnglǐ de nǚxu Fāng
上说，本市某银行周经理的女婿方

Hóngjiàn liúxué Yīngguó, Fǎguó, Déguó, yánjiū zhèngzhì, jīngjì,
鸿渐留学英国、法国、德国，研究政治、经济、

lìshǐ, shèhuìxué, zuìjìn déle Měiguó Kèláidēng Dàxué de
历史、社会学，最近得了美国克莱登大学的

1. 提: to talk about; to mention

2. 挂名: sign on as a salaried employee without actually working

3. 做媒: to be a match-maker

4. 小舅子: brother-in-law

zhéxué bóshì xuéwèi, jíjiāng huí guó. Fāng Hóngjiàn mǎi jiǎ wénpíng
哲学博士学位,即将回国。方鸿渐买假文凭

yuánlái zhǐshì wèile yìngfù fùqin hé zhàngren, xiànzài bèi
原来只是为了应付¹父亲和丈人²,现在被

dēngshàngle bào, yǐhòu zěnme jiàn rén ne? Tā xiǎng.
登上了报,以后怎么见人³呢? 他 想 。

Fāng Hóngjiàn zài běndì de chēzhàn xiàle chē. Fāng lǎo
方鸿渐在本地的车站下了车。方老

xiānsheng, jiāli de xiōngdì hé qīnqi péngyou lái zhàn
先生、家里的兄弟和亲戚朋友来站

yíngjiē. Hái yǒu liǎng gè běndì bàozhǐ de jìzhě gěi tā
迎接。还有两个本地报纸的记者⁴给他

zhàole xiàng, kǒukǒu-shēngshēng chēng tā Fāng bóshì, shuō
照了相,口口声声⁵称他方博士,说

dì-èr tiān yàoqù fǎngwèn tā. Tā suīrán bù hǎoyìsi,
第二天要去访问他。他虽然不好意思,

què yóucǐ zhīdào zìjǐ yǐ chéngle běndì de míngrén.
却由此知道自己已成了本地的名人⁶。

Dì-èr tiān, Fāng Hóngjiàn cái qǐchuáng, nà liǎng wèi jìzhě
第二天,方鸿渐才起床,那两位记者

yǐjīng lái le. Tāmen dàilái de bàozhǐ shang, yǒu Fāng bóshì
已经来了。他们带来的报纸上,有方博士

huíxiāng de xīnwén, hái yǒu zuótiān zhào de quán shēn xiàng.
回乡的新闻,还有昨天照的全身相。

Jìzhě wèn Fāng Hóngjiàn duì shìjiè xíngshì yǒu shénme kànfǎ,
记者问方鸿渐对世界形势⁷有什么看法,

Zhōng Rì huì bú huì fādòng zhànzhēng, děngděng. Liǎngwèi
中日会不会发动 战争 , 等等。 两位

jìzhě cái líkāi, fùqin de lǎo péngyou, běndì de zhōngxué
记者才离开,父亲的老朋友、本地的中学

1. 应付: to deal with perfunctorily
2. 丈人: father-in-law
3. 见人: to face people
4. 记者: reporter
5. 口口声声: to keep saying
6. 名人: famous person
7. 形势: situation

21

xiàozhǎng yòu lái le. Tā qǐng Fāng jiā fùzǐ míngtiān zǎochen qù
校长又来了。他请方家父子明天早晨去

chī diǎnxin, qǐng Fāng Hóngjiàn gěi zhèngzài shǔqī de xuéxiào
吃点心¹，请方鸿渐给正在暑期的学校

xuésheng yǎnjiǎng "Xīfāng wénhuà duì Zhōngguó lìshǐ de
学生 演讲"西方 文化 对 中国 历史 的

yǐngxiǎng". Fāng Hóngjiàn zuì pà yǎnjiǎng, zhèng xiǎng xièjué,
影响"。方鸿渐最怕演讲，正 想 谢绝²，

tā fùqin què dài tā dāying le. Wǎnshang, tā jíjí-mángmáng
他父亲却代他答应了。 晚上，他急急忙忙

zhǔnbèile yí gè jiǎnggǎo.
准备了一个讲稿³。

　　Dì-èr tiān zǎochen chīguò diǎnxin, xiàozhǎng xiānsheng péi
　　第二天早晨吃过点心，校长 先生 陪

Fāng Hóngjiàn láidào xuéxiào de lǐtáng. Lǐtáng li zuòmǎnle
方 鸿渐来到学校的礼堂。礼堂里坐满了

rén, yǒu jiàoshī, yě yǒu xuésheng, xiàozhǎng xiān xiàng dàjiā
人，有教师，也有 学生，校长 先 向 大家

jièshào Fāng bóshì. Fāng Hóngjiàn gǎnmáng shēnshǒu zài kǒudài
介绍方博士。方鸿渐赶忙 伸手在口袋

li zhǎo jiǎnggǎo, dànshì méiyǒu zhǎodào, chúle kāishǐ de
里找 讲稿，但是没有 找 到，除了 开始 的

jǐ jù huà yǐwài, yuánlái zhǔnbèi de quán wàng le, tā jí
几句话以外，原来准备的全忘了，他急

de chūle yì shēn lěnghàn. Tā xiān shuō, gǔzhǎng shì duì
得出了一身冷汗⁴。他先说，鼓掌是对

yǎnjiǎng biǎoshì mǎnyì, xiànzài wǒ hái méi kāikǒu, nǐmen yǐ
演讲表示满意，现在我还没开口⁵，你们已

gǔ qǐ zhǎng lái, shì bù hélǐ de. Tīngzhòng dàshēng de
鼓起掌来，是不合理⁶的。 听众大声地

1. 点心: a snack
2. 谢绝: to refuse
3. 讲稿: draft of a speech; lecture notes
4. 冷汗: cold sweat
5. 开口: to begin to talk
6. 合理: logical

围城
The
Besieged
City

xiào qǐlái, Fāng Hóngjiàn què bù zhīdào jiēzhe gāi jiǎng xiē
笑起来，方鸿渐却不知道接着该讲些
shénme. Tā zhōngyú yòu jiǎng dào: Ōuzhōu sīxiǎng gēn Zhōngguó
什么。他终于又讲道：欧洲思想跟中国
zhèngshì jiēchù shì zài Míngcháo, jǐ bǎi nián lái, zhǐyǒu liǎng
正式¹接触是在明朝❶，几百年来，只有两
jiàn yáng dōngxi yìzhí zài Zhōngguó shèhuì li cúnzàizhe, yí
件洋东西一直在中国社会里存在着，一
jiàn shì yāpiàn, yí jiàn shì méidú, dōu shì Míngcháo suǒ
件是鸦片²，一件是梅毒³，都是明朝所
xīshōu de xīyáng wénmíng. Tā jiǎngdào zhèlǐ, tái xià hái
吸收⁴的西洋❷文明⁵。他讲到这里，台下还
yǒu gǔzhǎng shēng. Xiàozhǎng què bǎnzhe liǎn shuō, jīntiān
有鼓掌声。校长却板着脸⁶说，今天
tiānqì rè, suǒyǐ Fāng bóshì gěi dàjiā jiǎng diǎn xiàohuà,
天气热，所以方博士给大家讲点笑话⁷，
yǐhòu yǒu jīhuì wǒmen hái yào qǐng tā zuò zhèngshì yǎnjiǎng.
以后有机会我们还要请他作正式演讲。

Méiyǒu duō yíhuìr, xǔduō rén dōu zhīdàole zhè wèi
没有多一会儿，许多人都知道了这位
yáng bóshì zài xuéxiào li jiǎngle xiē shénme. Yǒu jǐ jiā
洋博士在学校里讲了些什么。有几家
yuánlái xiǎng bǎ nǚ'ér jiàgěi tā de rénjiā tīngshuō yǐhòu,
原来想把女儿嫁给他的人家听说以后，
xiǎng tā zài guówài de shēnghuó yídìng shì huātiān-jiǔdì, yě
想他在国外的生活一定是花天酒地⁸，也
jiù bú zài tí hūnshì le. Guòle jǐ tiān, bā yuè shísān rì
就不再提婚事了。过了几天，八月十三日
Shànghǎi dǎ qǐ zhàng lái, jiēzhe Rìběn fēijī hōngzhàle
上海打起仗来，接着日本飞机轰炸⁹了

1. 正式: formal
2. 鸦片: opium
3. 梅毒: syphilis
4. 吸收: to assimilate
5. 文明: civilization
6. 板着脸: to keep a straight face
7. 笑话: joke
8. 花天酒地: debauchery
9. 轰炸: to bomb

běndì de huǒchēzhàn, dàjiā dōu zhǔnbèi bìnàn, wàngjìle

本地的火车站，大家都准备避难[1]，忘记了

Fāng Hóngjiàn de yǎnjiǎng.

方鸿渐的演讲。

Zhōu jīnglǐ dǎlái diànbào, yào Fāng Hóngjiàn kuài qù

周经理打来电报，要方鸿渐快去

Shànghǎi, fǒuzé jiāotōng yí duàn, jiù chū bù lái le, Fāng

上海，否则[2]交通一断，就出不来了，方

lǎo xiānsheng yě yào érzi kuài chūqù zhǎo jīhuì, suǒyǐ ràng

老先生也要儿子快出去找机会，所以让

Fāng Hóngjiàn zǒu le. Dàole jiùlì niándǐ, Fāng lǎo xiānsheng

方鸿渐走了。到了旧历年底，方老先生

yì jiā yě dàole Shànghǎi, yīnwèi fángzi xiǎo rén duō, Fāng

一家也到了上海，因为房子小人多，方

Hóngjiàn réngjiù zhù zài Zhōu jiā. Mànmàn de, Fāng Hóngjiàn juéde

鸿渐仍旧住在周家。慢慢地，方鸿渐觉得

zài Shànghǎi méiyǒu fāzhǎn jīhuì, jiù xiǎng dào nèidì qù.

在上海没有发展机会，就想到内地[3]去。

1. 避难：bo take refuge
2. 否则：otherwise
3. 内地：inland

Tips

❶明朝：Ming Dynasty（1368～1644），the dynasty before Qing Dynasty.

❷西洋：Name for the countries along the coast of the Atlantic Ocean, i. e. Europe and the U. S. A. , used from the late Ming and early Qing dynasties on.

Exercises

1. 周经理一家知道周小姐,是　　　　　　　　　　（　　）
   A. 方鸿渐写信告诉他们的
   B. 因为苏小姐是方鸿渐以前的同学
   C. 从报上看来的

2. 方鸿渐成了家乡的名人,是因为　　　　　　　　（　　）
   A. 大家都知道他是博士
   B. 两个本地报纸的记者访问了他
   C. 很多人去车站迎接了他

3. 方鸿渐演讲以后,校长说以后还要请他作正式演讲,意思
   是这一次演讲　　　　　　　　　　　　　　　　（　　）
   A. 讲得很好
   B. 讲得不好
   C. 大家没听懂

Questions

1. 方鸿渐是怎样知道自己已成了家乡的名人的?
2. 为什么有几家原想把女儿嫁给方鸿渐,但后来都不再提了?
3. 周经理为什么打电报给方鸿渐,要他快去上海?

三、苏小姐和唐小姐（一）

Dì-èr nián chūntiān, qìhòu tèbié hǎo. Kěshì,
第二年 春天，气候 特别 好。可是，

Shànghǎi shì gè fánhuá de chéngshì, chūntiān láile què méiyǒu
上海 是 个 繁华 的 城市，春天 来了 却 没有

shānshuǐ-huāliǔ kě zuò ānshēn zhī chù, biàn yìqí láidàole
山水花柳 可 作 安身[1] 之 处，便 一齐 来到 了

rénmen de shēntǐ li, xīndǐ li.
人们 的 身体 里、心底 里。

Jǐ tiān lái, Fāng Hóngjiàn báitiān hūnhūn-yùshuì,
几 天 来，方 鸿渐 白天 昏昏欲睡[2]，

wǎnshang dào yòu hěn qīngxǐng. Zǎochen xǐnglái, tīngjiàn wàimian
晚上 倒 又 很 清醒[3]。早晨 醒来，听见 外面

de niǎo jiào, xīnli hěn gāoxìng, kěshì yòu bù zhīdào gāoxìng
的 鸟叫，心里 很 高兴，可是 又 不 知道 高兴

shénme; xiǎng huódòng yíxià, yòu méiyǒu jīngshén. Tā
什么；想 活动 一下，又 没有 精神。他

xiǎngqǐle Sū xiǎojiě, wèi shénme bú qù kànkàn tā ne?
想起了 苏 小姐，为什么 不 去 看看 她 呢？

Yěxǔ cóngcǐ huì yǒu hěnduō máfan, dàn shēnghuó li méiyǒu
也许 从此 会 有 很多 麻烦，但 生活 里 没有

nǚ péngyou, tài wúliáo le.
女 朋友，太 无聊[4] 了。

Fāng Hóngjiàn àn Sū xiǎojiě liúxià de dìzhǐ, láidào
方鸿渐 按 苏 小姐 留下 的 地址，来到

1. 安身: to settle down
2. 昏昏欲睡: drowsy
3. 清醒: clear-headed
4. 无聊: dull, boring

Sū jiā, děngle hěnjiǔ, Sū xiǎojiě cái chūlái. Tā liǎn shang
苏家,等了很久,苏小姐才出来。她脸上

de xiàoróng hěn lěngdàn, wòle shǒu, shuō: "Fāng xiānsheng
的笑容很冷淡,握了手,说:"方 先生

hǎojiǔ bú jiàn, jīntiān zěnme huì lái?" Fāng Hóngjiàn xiǎng
好久不见,今天怎么会来?"方 鸿渐 想

qùnián fēnbié shí wòshǒu shì duōme qīnrè, jīntiān wèi
去年分别时握手是多么亲热,今天为

shénme zhèyàng lěng? Sū xiǎojiě yòu wèn tā: "Shì bú shì
什么这样冷?苏小姐又问他:"是不是

déle bóshì huílái jiéhūn le? Zhēn shì shuāngxǐlínmén.
得了博士回来结婚了?真是双喜临门[1]。

Wèi shénme bú gàosu lǎo tóngxué yì shēng ne? Wǒmen yě yào
为什么不告诉老同学一声呢?我们也要

jiànjian Fāng tàitai ya!"
见见方太太呀!"

Fāng Hóngjiàn tīng le, xiǎngqǐle Zhōu jīnglǐ dēng zài bào
方鸿渐听了,想起了周经理登在报

shang de nàge xiāoxi, liánmáng shuō, mǎi jiǎ wénpíng shì
上的那个消息,连忙说,买假文凭是

wèile yìngfù fùqin hé zhàngren; nà zhàngren yě shì
为了应付父亲和丈人;那丈人也是

guàmíng de, qǐng Sū xiǎojiě búyào xiàohuà. Sū xiǎojiě
挂名的,请苏小姐不要笑话。苏小姐

shuō, zhè dōu shì xiǎo shìqing, búyào tài rènzhēn le,
说,这都是小事情,不要太认真了,

jiēzhe, yòu shuō tā yǒu wèi biǎomèi Táng Xiǎofú, zài
接着,又说她有位表妹[2]唐晓芙[3],在

Běipíng de dàxué dúshū, xuéxiào yīn zhànshì bāndào nèidì
北平的大学读书,学校因战事[4]搬到内地

1. 双喜临门: a double blessing descended upon the house

2. 表妹: cousin

3. 唐晓芙: Tang Xiao fu, name

4. 战事: war

5. 停学: to drop out of school

qù le, tā tíngxué zài jiā, jīntiān qiàhǎo dào Sū jiā lái
去了,她停学⁵在家,今天恰好到苏家来

wán. Shuōzhe biàn dài tā chūlái, jièshào gěi Fāng Hóngjiàn
玩。说着便带她出来,介绍给方鸿渐

rènshi le.
认识了。

Táng xiǎojiě èrshí suì zuǒyòu, méiyǒu huà rènhé
唐小姐二十岁左右,没有化任何

zhuāng,¹ què hěn wǔmèi² duānzhèng. Fāng Hóngjiàn hěn xiǎng zài
妆,¹却很妩媚²端正。方鸿渐很想在

tā xīnli liúxià yí gè hǎo yìnxiàng. Táng xiǎojiě shuō tā
她心里留下一个好印象。唐小姐说她

zài dàxué li xué zhèngzhì, Fāng Hóngjiàn biàn shuō: "Nǚrén
在大学里学政治,方鸿渐便说:"女人

shì tiānshēng de zhèngzhìjiā. Xiàndài zhèngzhìjiā de shǒuwàn,
是天生³的政治家。现代政治家的手腕⁴,

nǚrén shēng xiàlái jiù yǒu. Nǚrén xué zhèngzhì, zhēn shì
女人生下来就有。女人学政治,真是

jǐnshàngtiānhuā. Nǚrén bú bì xué zhèngzhì, ér zhèngzhìjiā
锦上添花⁵。女人不必学政治,而政治家

yào chénggōng, què děi xué nǚrén. bǎ guójiā shèhuì jiāogěi
要成功,却得学女人。把国家社会交给

nǚrén yǒu xǔduō hǎochù, zhìshǎo kěyǐ jiǎnshǎo zhànzhēng,
女人有许多好处,至少⁶可以减少战争,

yīnwèi nǚrén bú huì dǎzhàng."
因为女人不会打仗。"

Táng xiǎojiě tīng le, shuō: "Wǒ bù zhīdào Fāng xiānsheng
唐小姐听了,说:"我不知道方先生

shì kànbuqǐ zhèngzhì háishi kànbuqǐ nǚrén, zhìshǎo dōu bú
是看不起政治还是看不起女人,至少都不

1. 化妆: make up
2. 妩媚: charming
3. 天生: inborn, natural
4. 手腕: artifice, strategy
5. 锦上添花: to make perfection
6. 至少: at least

shì hǎohuà."
是 好话。"

Sū xiǎojiě shuō: "Zài dàxué dúshū de shíhou, tā jiàn-
苏小姐 说:"在大学读书的时候,他见

le nǚ tóngxué jiù liǎn hóng, xiǎngbudào qùle yí cì guówài,
了女同学就脸红,想不到去了一次国外,

xué de zhèyàng yóuzuǐ, yěxǔ shì gēn Bào xiǎojiě tāmen zài
学得这样油嘴[1],也许是跟鲍小姐她们在

yìqǐ xùnliàn chūlái de."
一起训练[2]出来的。"

Zhè shíhou jìnlái yí wèi nián jìn sānshí, shēncái
这时候进来一位年近三十、身材[3]

gāodà de rén. Sū xiǎojiě jièshào shuō zhè shì Zhào Xīnméi
高大的人。苏小姐介绍说这是赵辛楣[4]

Zhào xiānsheng, cǐ rén shì Sū jiā de shìjiāo, Měiguó
赵先生,此人是苏家的世交[5],美国

liúxuéshēng, yuánlái shì yí gè wàijiāo jīguān de chùzhǎng,
留学生,原来是一个外交机关[6]的处长[7],

xiàn zài yìjiā bàoguǎn zuò zhèngzhì biānjí.
现在一家报馆[8]做政治编辑[9]。

Zhào Xīnméi tǎng zài shāfā li, chōuzhe yān, yǎnjing
赵辛楣躺在沙发里,抽着烟,眼睛

kànzhe kōngzhōng de diàndēng, wèn Fāng Hóngjiàn zài shénme
看着空中的电灯,问方鸿渐在什么

dìfang zuòshì, zài guówài xué shénme. Dāng tā zhīdào Fāng
地方做事,在国外学什么。当他知道方

Hóngjiàn xué de shì zhéxué, biàn gānxiàozhe shuō: "Cóng
鸿渐学的是哲学,便干笑[10]着说:"从

wǒmen zuò shíjì gōngzuò de rén de yǎnguāng kànlái, xué
我们做实际工作的人的眼光[11]看来,学

1. 油嘴: glib-tongued

2. 训练: to train

3. 身材: stature

4. 赵辛楣: Zhao Xin-
mei, name

5. 世交: old family
friends

6. 机关: office

7. 处长: section chief

8. 报馆: newspaper
office

9. 编辑: editor

10. 干笑: hollow laugh

11. 眼光: view

哲学跟什么都不学没什么 两样 。"

"那可得赶快找个眼科[1]医生看一

看，这样的眼睛一定有毛病[2]。"方鸿渐

说完哈哈大笑起来。赵辛楣一时不知道

怎么回答。苏小姐忍住[3]笑，有点不安[4]。

唐小姐在旁看了，淡淡地笑着。方鸿渐

忽然明白，这姓赵的对自己无礼[5]是因为

有了误会[6]，把自己当成了他的情敌[7]。

其实，他并不想妨碍[8]赵辛楣去爱苏

小姐。苏小姐却希望他们俩有误会，否则

只剩下了一个人，身边就不热闹了。赵

辛楣滔滔不绝[9]地讲完了他关于当前

战事的看法，临[10]走时请苏小姐吃晚饭。

苏小姐说她今天晚上有事，改天[11]再去

吃馆子[12]，并请他们明天下午四点半来

1. 眼科: ophthalmology

2. 毛病: problem

3. 忍住: to hold back; to refrain

4. 不安: uncomfortable

5. 无礼: rude, impolite

6. 误会: misunderstanding

7. 情敌: rival in love

8. 妨碍: to hinder

9. 滔滔不绝: incessantly

10. 临: just before

11. 改天: some other day

12. 吃馆子:to go to a restaurant

围 城
The
Besieged
City

hēchá, yìqǐ huānyíng xīn huí guó de Shěn xiānsheng fūfù,
喝茶，一起欢迎新回国的沈先生夫妇，

yòu dāngzhe Zhào Xīnméi de miàn duì Fāng Hóngjiàn shuō:
又当着赵辛楣的面[1]对方鸿渐说：

"Hóngjiàn nǐ zài zuò yíhuìr, wǒ hái yǒu jǐ jù huà gēn nǐ
"鸿渐你再坐一会儿，我还有几句话跟你

jiǎng." Zhào Xīnméi zǒule yǐhòu, Táng xiǎojiě yě zuò Sū
讲。"赵辛楣走了以后，唐小姐也坐苏

jiā de qìchē zǒu le. Sū xiǎojiě duì Fāng Hóngjiàn shuō:
家的汽车走了。苏小姐对方鸿渐说：

"Jīntiān wǎnshang wǒ méiyǒu shì, wǒ bù gēn Xīnméi qù chī
"今天晚上我没有事，我不跟辛楣去吃

guǎnzi, shì yīnwèi tā duì nǐ tài wúlǐ, wǒ bú yuànyì zhǎng
馆子，是因为他对你太无礼，我不愿意长

tā de jiāoqì."
他的骄气[2]。"

Fāng Hóngjiàn huángkǒng de shuō: "Nǐ duì wǒ tài hǎo le!"
方鸿渐惶恐[3]地说："你对我太好了！"

Sū xiǎojiě kànle tā yì yǎn, dīxià tóu dào: "Yǒu
苏小姐看了他一眼，低下头道："有

shíhou wǒ zhēn bù gāi duì nǐ nàyàng hǎo."
时候我真不该对你那样好。"

Zhè shíhou, Fāng Hóngjiàn zuǐ biān sì yǒu hěn duō qínghuà
这时候，方鸿渐嘴边似[4]有很多情话[5]

yàoshuō, dànshì tā bú yuànyì shuō, kànjiàn Sū xiǎojiě fàngzài
要说，但是他不愿意说，看见苏小姐放在

shāfā shàngbian de shǒu, biàn shēnshǒu pāi tā de shǒubèi. Sū
沙发上边的手，便伸手拍她的手背。苏

xiǎojiě bǎ shǒu suōhuí, róushēng dào: "Nǐ qù ba, míngtiān
小姐把手缩回，柔声[6]道："你去吧，明天

1. 当面: in sb.'s presence
2. 骄气: arrogance
3. 惶恐: uneasy
4. 似: to seem; as if
5. 情话: tender words
6. 柔声: softly

zǎodiǎnr lái." Fāng Hóngjiàn zǒuxià táijiē, tā yòu huàn
早点儿来。"方鸿渐走下台阶[1]，她又唤

"Hóngjiàn", Fāng Hóngjiàn huílái wèn tā yǒu shénme shì, tā
"鸿渐"，方鸿渐回来问她有什么事，她

xiào dào: "Méi shénme. Nǐ wèi shénme zhí wǎngqián pǎo,
笑道："没什么。你为什么直[2]往前跑，

tóu dōu bù huí?— Míngtiān zǎo xiē lái."
头都不回？——明天早些来。"

Fāng Hóngjiàn zǒuchū Sū jiā, juéde zìjǐ chéngle
方鸿渐走出苏家，觉得自己成了

chūntiān de yíbùfen, zǒulù shí tèbié qīngkuài. Diànchē
春天的一部分，走路时特别轻快。电车

dào zhàn shí, hái méi děng chē tínghǎo tā jiù tiàole xiàlái,
到站时，还没等车停好他就跳了下来，

chàyìdiǎnr shuāi yì jiāo.
差一点儿摔一跤[3]。

Dì-èr tiān tā dào Sū jiā, Táng xiǎojiě yǐ xiān dào le.
第二天他到苏家，唐小姐已先到了。

Tā hái méi zuòdìng, Zhào Xīnméi yě lái le, zhāohu hòu
他还没坐定[4]，赵辛楣也来了，招呼[5]后

shuō: "Fāng xiānsheng, zuótiān qù de wǎn, jīntiān lái de
说："方先生，昨天去得晚，今天来得

zǎo, xiǎng shì zài yínháng bàngōng yǎngchéng de hǎo xíguàn."
早，想是在银行办公养成[6]的好习惯。"

Fāng Hóngjiàn běn xiǎng shuō Zhào Xīnméi zuótiān zǎotuì,
方鸿渐本想说赵辛楣昨天早退，

jīntiān chídào, shì xué yámen li de guānpài, dàn
今天迟到，是学衙门[7]里的官派[8]，但

xiǎnglexiǎng, rěnzhù bù shuō, hái duì Zhào Xīnméi shànyì de
想了想，忍住不说，还对赵辛楣善意[9]地

1. 台阶: stairs

2. 直: straight

3. 摔跤: to fall over

4. 坐定: settled

5. 招呼: to greet

6. 养成: to form (a habit)

7. 衙门: (old way of saying) government office

8. 官派: manner of officials; official airs

9. 善意: kindly

wēixiào. Zhào Xīnméi méi xiǎngdào tā huì zhèyàng méiyǒu
微笑。赵 辛楣 没 想到 他 会 这样 没有

dǐkàng. Táng xiǎojiě liǎn shang biǎoxiàn chū chàyì. Sū
抵抗[1]。唐 小姐 脸上 表现 出 诧异[2]。苏

xiǎojiě yě juéde qíguài, dàn hūrán míngbai zhè shì yīnwèi
小姐 也 觉得 奇怪,但 忽然 明白 这 是 因为

Hóngjiàn zhīdào zìjǐ ài de shì tā, suǒyǐ bù gēn Zhào
鸿渐 知道 自己 爱 的 是 他,所以 不 跟 赵

Xīnméi jìjiào.
辛楣 计较[3]。

Shěn xiānsheng fūfù lái le. zuòdìng yǐhòu, shěn
沈 先生 夫妇 来 了。坐定 以后,沈

xiānsheng shuō tā céng xiàng Fǎguórén xuānchuán: "Nánjīng
先生 说 他 曾 向 法国人 宣传:"南京

chètuì yǐhòu, tāmen dōu shuō Zhōngguó wán le. Wǒ duì
撤退[4]以后,他们 都 说 中国 完 了。我 对

tāmen shuō, Ōuzhōu dàzhàn shí, nǐmen de zhèngfǔ bú shì
他们 说,'欧洲 大战❶时,你们 的 政府 不 是

yě líkāile Bālí ma? Kěshì nǐmen shì zuìhòu de
也 离开了 巴黎 吗? 可是 你们 是 最后 的

shènglì zhě.' Tāmen méiyǒu huà jiǎng.' Tā yòu shuō tā de
胜利 者。'他们 没有 话 讲。"他 又 说 他 的

zhè duàn huà bèi tā fūrén xiě chūlái dēng zài le bào shang.
这 段 话 被 他 夫人 写 出来 登 在 了 报 上。

Fāng Hóngjiàn dào: "Wǒ dào méiyǒu kànjiàn, jiào shénme
方 鸿渐 道:"我 倒 没有 看见,叫 什么

tímù?"
题目?"

Zhào Xīnméi dào: "Nǐmen zhèxiē zhéxuéjiā cóng bù
赵 辛楣 道:"你们 这些 哲学家 从 不

1. 抵抗: to resist
2. 诧异: surprise
3. 计较: to dispute, to argue
4. 撤退: to withdraw

37

yánjiū shíjì wèntí, shì bú kàn bào de." Qíshí, tā yě
研究实际问题，是不看报的。"其实，他也

méiyǒu kàndào nà piān dōngxi, búguò tā háishi yào lìyòng
没有看到那篇东西，不过他还是要利用

zhège jīhuì, ràng Fāng Hóngjiàn diūliǎn.
这个机会，让方鸿渐丢脸¹。

Sū xiǎojiě dào: "Nǐ bù néng guài tā, nà shíhou tā
苏小姐道："你不能怪他，那时候他

táonàn dào xiāngxià qù le, bào dōu kàn bú jiàn ne.
逃难²到乡下³去了，报都看不见呢。

Hóngjiàn, shì bú shì?"
鸿渐，是不是？"

Táng xiǎojiě jīntiān lái Sū jiā hēchá, běnlái shì xiǎng
唐小姐今天来苏家喝茶，本来是想

zài kàn yí cì Zhào, Fāng liǎng gè zěnme zhēngdòu, shéi zhī
再看一次赵、方两个怎么争斗，谁知

Fāng Hóngjiàn duì Zhào Xīnméi de tiǎozhàn cǎiqǔ bù dǐkàng de
方鸿渐对赵辛楣的挑战⁴采取不抵抗的

tàidu, ràng tā hěn shīwàng. Tā bǎ zhège yìsi
态度，让她很失望。她把这个意思

gàosule Fāng Hóngjiàn, Fāng Hóngjiàn shuō: "Zhào xiānsheng
告诉了方鸿渐，方鸿渐说："赵先生

wùhuìle wǒ gēn nǐ biǎojiě de guānxi— Yěxǔ nǐ yě
误会了我跟你表姐的关系——也许你也

yǒu tóngyàng de wùhuì— Wǒ yào ràng tā zhīdào wǒ gēn tā
有同样的误会——我要让他知道我跟他

méiyǒu lìhài chōngtū."
没有利害⁵冲突⁶。"

Táng xiǎojiě dào: "Zhǐyào biǎojiě shuō qīngchu le, zhè
唐小姐道："只要表姐说清楚了，这

1. 丢脸: to lose face

2. 逃难: to take refuge

3. 乡下: countryside

4. 挑战: challenge

5. 利害: interest

6. 冲突: conflict

wùhuì bú jiù méiyǒule ma?"　Tā bù zhīdào Sū xiǎojiě
误会不就没有了吗?"她不知道苏小姐

xīwàng tāmen yǒu wùhuì.
希望他们有误会。

Chīfàn de shíhou,　Fāng Hóngjiàn duì Táng xiǎojiě shuō míngtiān
吃饭的时候,方鸿渐对唐小姐说明天

qǐng tā hé tā biǎojiě chīfàn.　Táng xiǎojiě xiàozhe dāying le.
请她和她表姐吃饭。唐小姐笑着答应了。

Fāng Hóngjiàn yòu zài Sū xiǎojiě sòng tā chūmén de shíhou
方鸿渐又在苏小姐送他出门的时候

xiàng tā　fāchūle　tóngyàng de yāoqǐng.　Sū xiǎojiě xiào
向她发¹出了同样的邀请²。苏小姐笑

shuō:　"Hǎo!　Jiù zánmen liǎng gè rén ma?"　Shuōwán
说:"好!就咱们两个人吗?"说完

yǐhòu,　tā yòu juéde zhè shì bú bìyào wèn de.
以后,她又觉得这是不必要问的。

Fāng Hóngjiàn nènè dào:　　"Bù, hái yǒu nǐ biǎomèi."
方鸿渐讷讷³道:"不,还有你表妹。"

"Ó, yǒu tā,　nǐ　qǐngle tā méiyǒu?"
"哦,有她,你请了她没有?"

"Qǐngguò le,　tā dāying lái—　Lái péi nǐ."
"请过了,她答应来——来陪你。"

Sū xiǎojiě shuōle yì shēng　"Hǎo ba",　jiù gēn tā
苏小姐说了一声"好吧",就跟他

"Zàijiàn"　le.
"再见"了。

Dì-èr tiān yì zǎo,　Fāng Hóngjiàn hái méi chūmén,　Sū
第二天一早,方鸿渐还没出门,苏

1. 发: to make

2. 邀请: invitation

3. 讷讷: slow (of speech)

xiǎojiě jiù lái diànhuà,　shuō tā　shēntǐ bù shūfu,　wǎnshang
小姐就来电话,说她身体不舒服,晚上

bú qù chīfàn le. Fāng Hóngjiàn bù zhīdào Táng xiǎojiě huì bú
不去吃饭了。方鸿渐不知道唐小姐会不

huì yīncǐ yě bù lái, xīnshì chóngchóng[1], gōngzuò zhōng
会因此也不来,心事 重重[1],工作 中

chūle hǎo jǐ chù cuòwù. Xiàbān yǐhòu, tā láidào
出了好几处错误。下班以后,他来到

yuēdìng de fànguǎn, děngle yíhuìr, Táng xiǎojiě láile.
约定[2]的饭馆,等了一会儿,唐小姐来了。

Fāng Hóngjiàn shífēn gǎnjī, dǎguò zhāohu hòu dào: "Sū
方鸿渐十分感激,打过招呼后道:"苏

xiǎojiě jīntiān bù néng lái!"
小姐今天不能来!"

Táng xiǎojiě shuō tā zhīdào le, bìng gàosu Fāng Hóngjiàn
唐小姐说她知道了,并告诉方鸿渐

dào: "Wǒ biǎojiě zài diànhuà li gàosu wǒ tā bù néng lái,
道:"我表姐在电话里告诉我她不能来,

wǒ shuō nàme wǒ yě bù lái le, tā yào wǒ zìjǐ gēn nǐ
我说那么我也不来了,她要我自己跟你

jiǎng, bǎ nǐ de diànhuàhào gàosule wǒ. Jiē diànhuà de shì
讲,把你的电话号告诉了我。接电话的是

yí gè nǚrén de shēngyīn, shuō nǐ chūmén le, hái shuō 'Sū
一个女人的声音,说你出门了,还说'苏

xiǎojiě, yǒu kòng lái wán.' Bǎ wǒ dàngchéng wǒ biǎojiě le."
小姐,有空来玩。'把我当成我表姐了。"

"Zhè jiùshì wǒ de qīnqi Zhōu tàitai, nǐ biǎojiě zài
"这就是我的亲戚周太太,你表姐在

wǒ chū mén qián láiguò diànhuà, suǒyǐ Zhōu tàitai yǐwéi shì
我出门前来过电话,所以周太太以为是

tā dǎ de."
她打的。"

1. 心事重重: to be laden with anxiety

2. 约定: appointed

40

"Yǐhòu wǒ biǎojiě yòu láiguò liǎng cì diànhuà, hái bǎ
"以后我表姐又来过两次电话,还把

nǐ yínháng de diànhuà hào gàosule wǒ, yídìng yào wǒ
你银行的电话号告诉了我,一定要我

tōngzhī nǐ bù láile, jiào wǒ dào tā nàr qù chīfàn. Wǒ
通知你不来了,叫我到她那儿去吃饭。我

yǒudiǎnr shēngqì le, huídá tā shuō, wǒ yě bù shūfu,
有点儿生气了,回答她说,我也不舒服,

shénme dìfang dōu bú qù. Biǎojiě tài kěxiào le, wǒ piān¹
什么地方都不去。表姐太可笑了,我偏¹

lái chī nǐ de fàn, suǒyǐ jiù méi zài dǎ diànhuà gěi nǐ."
来吃你的饭,所以就没再打电话给你。"

Fāng Hóngjiàn tīng le, gǎnjī de shuō: "Táng xiǎojiě,
方鸿渐听了,感激地说:"唐小姐,

nǐ jīntiān zhēn shì jiùkǔ-jiùnàn², rúguǒ qǐng de kèrén yí
你今天真是救苦救难²,如果请的客人一

gè dōu bù lái, wǒ zhè zhǔrén tài diūliǎn le!"
个都不来,我这主人太丢脸了!"

Fāng Hóngjiàn yàole hěn duō cài, quàn Táng xiǎojiě chī,
方鸿渐要了很多菜,劝唐小姐吃,

zìjǐ chī de hěnshǎo. Cái jiǔ diǎn zhōng, Táng xiǎojiě yào zǒu.
自己吃得很少。才九点钟,唐小姐要走。

Fāng Hóngjiàn yuē tā míngtiān qù tànwàng³ Sū xiǎojiě de bìng.
方鸿渐约她明天去探望³苏小姐的病。

Táng xiǎojiě huídào jiā li, zhèngzài fángjiān li huàn
唐小姐回到家里,正在房间里换

yīfu, nǚ yòngren lái shuō, Sū xiǎojiě lái diànhuà. Táng
衣服,女用人⁴来说,苏小姐来电话。唐

xiǎojiě xiàlóu qù jiē, zǒule yíbàn, yì xiǎng, yòu bú
小姐下楼去接,走了一半,一想,又不

1. 偏: to insist

2. 救苦救难: to help the needy and relieve the distressed

3. 探望: to visit (a patient)

4. 用人: servant

41

xiàqù le, duì yòngren shuō: "Gàosu tā, xiǎojiě bù

下去了，对用人说："告诉她，小姐不

shūfu, zǎo shuì le." Táng xiǎojiě hěn shēngqì. Tā xiǎng:

舒服，早睡了。"唐小姐很生气。她想：

Zhè yídìng shì biǎojiě lái kànkan zìjǐ shìfǒu zài jiā. Tā

这一定是表姐来看看自己是否在家。她

tài qīfu rén le! Fāng Hóngjiàn yòu bú shì tā de, zìjǐ

太欺负[1]人了！方鸿渐又不是她的，自己

piān ràng tā qīnjìn.

偏让他亲近。

1. 欺负: to treat sb.
unfairly

Tip

❶欧洲大战：The war in Europe, i. e. World War I.

Exercises

1. 方鸿渐看望苏小姐的时候,苏小姐对他很冷淡,是因为（　　）

　A. 方鸿渐很久没有去看她,她生气了

　B. 苏小姐以为方鸿渐已经结婚了

　C. 苏小姐有了另外一个男朋友赵辛楣

2. 方鸿渐不计较赵辛楣的挑战,是因为他知道　　（　　）

　A. 赵辛楣对他有误会

　B. 赵辛楣有衙门里的官派

　C. 苏小姐爱的是他自己

3. 赵辛楣对方鸿渐的误会是指　　　　　　　（　　）

　A. 方鸿渐学哲学跟什么都没学一样

B. 方鸿渐不研究实际问题

C. 方鸿渐是他的情敌

4. 对沈太太的文章,赵辛楣　　　　　　　　　　　(　)

A. 没有看过

B. 看过

C. 看过,但忘记了它的题目

5. 苏小姐接受了方鸿渐请她吃晚饭的邀请,可后来又没有去,是因为　　　　　　　　　　　　　　　　　(　)

A. 她身体不舒服

B. 她要请唐小姐吃饭

C. 方鸿渐同时还请了唐小姐,她不高兴了

Questions

1. 赵辛楣请苏小姐吃饭,苏小姐为什么不去?

2. 苏小姐为什么称病不去和方鸿渐吃饭,还几次打电话给唐小姐,要她告诉方鸿渐不跟他去吃饭? 唐小姐后来又为什么去了?

四、哲学家和诗人

Dì-èr tiān xiàwǔ, Fāng Hóngjiàn láidào Sū jiā. Sū
第二天下午，方鸿渐来到苏家。苏

xiǎojiě xiàng tā biǎoshì bàoqiàn, yòu wèn tā rènshi bú rènshi
小姐向他表示抱歉[1]，又问他认识不认识

yí wèi zài Yīngguó liúxué de Cáo Yuánlǎng, tā zài Jiànqiáo
一位在英国留学的曹元朗[2]，他在剑桥[3]

yánjiū wénxué, shì wèi xīn shīrén, xīnjìn huí guó, jīntiān
研究文学，是位新诗人，新近回国，今天

yào lái. Yíhuìr, Táng xiǎojiě yě lái le. Sū xiǎojiě
要来。一会儿，唐小姐也来了。苏小姐

yīnwèi Táng xiǎojiě zuótiān wǎnshang bù jiē diànhuà, biàn shuō
因为唐小姐昨天晚上不接电话，便说

tā jiàzi dà. Táng xiǎojiě shuō, biéren qǐngkè dōu qǐng bú
她架子[4]大。唐小姐说，别人请客都请不

dòng de rén jiàzi cái dà ne.
动的人架子才大呢。

Zhèng shuōzhe, shīrén Cáo Yuánlǎng lái le. Bǐcǐ jièshào
正说着，诗人曹元朗来了。彼此介绍

yǐhòu, tā náchū zìjǐ de shījí. Fāng Hóngjiàn dǎkāi yí
以后，他拿出自己的诗集[5]。方鸿渐打开一

kàn, dì-yī shǒu shì shísìhángshī, tímù jiào Pīnpán Pīn
看，第一首是十四行诗[6]，题目叫《拼盘姘

Bàn, lǐmian de měi yí jù dōu zhùzhe chūchù, biàn méi
伴》❶，里面的每一句都注着出处[7]，便没

1. 抱歉：apology
2. 曹元朗：Cao Yuan-lang, name
3. 剑桥：Short for Cambridge University
4. 架子：airs；haughty manner
5. 诗集：collection of poems
6. 十四行诗：sonnet
7. 出处：source

44

xìngqù kàn xiàqù. Táng xiǎojiě kàn le, zhǐ shuō zìjǐ
兴趣¹看下去。唐小姐看了，只说自己

xuéwenqiǎn, lǐmian de wàiguó zì dōu bú rènshi.
学问浅，里面的外国字都不认识。

Cáo Yuánlǎng dào： "Bú Rènshi wàiguó zì de rén gèng
曹元朗道："不认识外国字的人更

néng xīnshǎng. Yīnwèi tímù jiào *Pīnpán Pīnbàn*, suǒyǐ
能欣赏²。因为题目叫《拼盘姘伴》，所以

lǐmian yǒu zhège rén de shījù, yǒu nàge rén de shījù,
里面有这个人的诗句，有那个人的诗句，

zhōngwén lǐmian yòu yǒu wàiwén. Táng xiǎojiě yǒu zhège
中文里面又有外文。唐小姐有这个

yìnxiàng, jiù yǐjīng lǐnghuì dào shī de jīnghuá le. Búbì
印象³，就已经领会⁴到诗的精华⁵了。不必

qù qiú shī de yìyì. Shī yǒu yìyì shì shī de búxìng."
去求诗的意义。诗有意义是诗的不幸。"

Sū xiǎojiě yòu ná chūlái yì bǎ nǚyòng zhéshàn,
苏小姐又拿出来一把女用折扇⁶，

shàngmian yě yǒu yì shǒu shī. Cáo Yuánlǎng niànle liǎng biàn,
上面也有一首诗。曹元朗念了两遍，

liánshēng shuō hǎo, hái shuō yǒu gǔdài míngē de fēngwèi.
连声说好，还说有古代民歌的风味⁷。

Fāng Hóngjiàn kànjiàn shī hòu yǒu yì qīngnián zhèngkè de
方鸿渐看见诗后有一青年政客⁸的

míngzi, yǐwéi shì tā xiě de, jiù shuō： "Yìxīn xiǎngzhe
名字，以为是他写的，就说："一心想着

zuòguān de rén xiě bù chū hǎo shī lái." Sū xiǎojiě tīngle shuō
做官的人写不出好诗来。"苏小姐听了说

tā "Tǎoyàn". Fāng Hóngjiàn yòu kànle yí biàn, dàshēng
他"讨厌⁹"。方鸿渐又看了一遍，大声

1. 兴趣：interest
2. 欣赏：to appreciate
3. 印象：impression
4. 领会：to grasp
5. 精华：essence
6. 折扇：folding fan
7. 风味：flavour
8. 政客：politician
9. 讨厌：disgusting

45

jiào dào: "Zhè shǒu shī shì tōulái de." Yīnwèi tā shàng
叫道:"这首诗是偷来的。"因为他上

dàxué xué Ōuzhōu wénxuéshǐ shí xuéguò, shì Déguó shíwǔ-liù
大学学欧洲文学史时学过,是德国十五六

shìjì de míngē. Tā hái wèn Sū xiǎojiě jìde bú jìde.
世纪的民歌。他还问苏小姐记得不记得。

Sū xiǎojiě shuō bù chū huà; Táng xiǎojiě dīxiàle tóu.
苏小姐说不出话;唐小姐低下了头。

Dì-èr tiān Fāng Hóngjiàn dào Táng jiā, Táng xiǎojiě jiànmiàn
第二天方鸿渐到唐家,唐小姐见面

hòu jiù shuō: "Fāng xiānsheng, nǐ zuótiān chuǎngle dàhuò,
后就说:"方先生,你昨天闯了大祸,

zhīdào ma?"
知道吗?"

Fāng Hóngjiàn xiǎngle yì xiǎng, xiào dào: "Shì bú shì yīnwèi
方鸿渐想了一想,笑道:"是不是因为

wǒ pīpíngle nà shǒu shī, nǐ biǎojiě gēn wǒ shēngqì?"
我批评了那首诗,你表姐跟我生气?"

"Nǐ zhīdào nà shǒu shī shì shéi zuò de?" Tā fāxiàn
"你知道那首诗是谁作的?"她发现

Fāng Hóngjiàn hái bù míngbai— "Shì biǎojiě zuò de, bú
方鸿渐还不明白——"是表姐作的,不

shì nàge zhèngkè; tā zhǐshì xiěle zì bà le."
是那个政客;他只是写了字罢了。"

Fāng Hóngjiàn zhè cái míngbai shìqing tài zāo le, yào
方鸿渐这才明白事情太糟[1]了,要

gǎnkuài huíqù xiě xìn xiàng Sū xiǎojiě qǐngzuì.
赶快回去写信向苏小姐请罪[2]。

Huí jiā chīguò wǎnfàn, Fāng Hóngjiàn yòng wényán gěi
回家吃过晚饭,方鸿渐用文言[3]给

1. 糟: terrible
2. 请罪: to apologize
3. 文言: classical Chinese

围城

The
Besieged
City

苏小姐写了信,意思是说:那首诗写得
很好,只因为看到是政客写的,所以他偏
说是偷来的,请不要见怪[1]。第二天他把
信送了出去,晚上回家的时候,就接到苏
小姐来的电话。她说:"信收到了,我并
没有怪你呀!"

"这样的好诗偏是政客作的,太不
公平[2]了。"

"我告诉你,这首诗是我做着玩儿
的。"电话里传来了苏小姐快乐的笑声,
还约他明天下午见面。

那天晚上,方鸿渐又把给苏小姐的
信的底稿[3]抄了一份,寄给了唐小姐,
因为唐小姐要看看方鸿渐在信上是
怎样把事情说清楚的。以后一个多月

1. 见怪:to blame
2. 公平:fair
3. 底稿:draft (of a piece of writing)

里，方鸿渐不断地和唐小姐见面，给她
写信，唐小姐也给他回信。唐小姐和苏
小姐的来往反而比以前减少了，可是方
鸿渐还不得不常去看望苏小姐。苏
小姐等着他正式求爱[1]，怪他太慢；方
鸿渐想找机会向她说明他并不爱她，
却恨自己没有勇气[2]。

一个星期六下午，方鸿渐请唐小姐
喝了茶后回家，看见桌子上放着赵辛楣
明天请吃晚饭的请帖[3]。第二天上午在
苏家，苏小姐说辛楣请他务必[4]光临[5]，
客人还有辛楣的两个朋友，但是没有曹
元朗。因为，一来赵辛楣并不认识他，
二来苏小姐说赵辛楣和方鸿渐都是
小心眼儿[6]，见了曹元朗又要发生冲突，

1. 求爱: to woo, to court

2. 勇气: courage

3. 请贴: invitation

4. 务必: to be sure to

5. 光临: to be present

6. 小心眼儿: narrow-minded

50

suǒyǐ bú ràng tāmen jiànmiàn.
所以不让他们见面。

Fāng Hóngjiàn dào fànguǎn de shíhou, nà liǎng gè kèrén
方鸿渐到饭馆的时候，那两个客人

yǐ xiāndào le, Zhào Xīnméi zuòle jièshào: Yí wèi shì
已先到了，赵辛楣作了介绍：一位是

zhéxuéjiā Chǔ Shènmíng[1], yí wèi shì dà cáizǐ[2] Dǒng
哲学家褚慎明[1]，一位是大才子[2]董

Xiéchuān. Fāng Hóngjiàn wèn dào: "Chǔ xiānsheng zuìjìn
斜川[3]。方鸿渐问道："褚先生最近

yánjiū xiē shénme zhéxué wèntí?"
研究些什么哲学问题？"

Chǔ Shènmíng què jiào dào: "Lǎo Zhào, Sū xiǎojiě gāi lái
褚慎明却叫道："老赵，苏小姐该来

le. Wǒ zhèyàng děng nǚrén, háishi dì-yī cì."
了。我这样等女人，还是第一次。"

Zhào Xīnméi bǎ càidān gěile shìzhě, zhèngyào huítóu
赵辛楣把菜单[4]给了侍者，正要回头

huídá, kànjiàn Dǒng Xiéchuān zài xiě shī, máng shuō: "Wǒ de
回答，看见董斜川在写诗，忙说："我的

nà wèi Sū xiǎojiě yě shì shīrén, huítóu bǎ nǐ de shī gěi
那位苏小姐也是诗人，回头[5]把你的诗给

tā kànkan."
她看看。"

Dǒng Xiéchuān yìbiān jìxù xiě yìbiān huídá dào:
董斜川一边继续写一边回答道：

"Nǚrén zuòshī, zhìduō shì dì-èr liú. Niǎo lǐ néng
"女人作诗，至多[6]是第二流[7]。鸟里能

chàng de dōu shì xióng de, bǐrú jī."
唱的都是雄[8]的，比如鸡。"

1. 褚慎明: Chu Shenming, name
2. 才子: genius
3. 董斜川: Dong Xiechuan, name
4. 菜单: menu
5. 回头: later on
6. 至多: at most
7. 第二流: second rate
8. 雄: male

51

说着，苏小姐来了。彼此招呼、坐定
以后，褚慎明对方鸿渐道："你刚才问我
研究什么哲学问题，这句话有毛病。
哲学家遇见问题，首先研究它是不是
问题，不成问题的是假问题，不用解决[1]，
也不可解决。如果是问题，第二步研究
解决，从前的解决是不是正确，要不要
修正[2]。你刚才的意思恐怕不是问我研究
什么问题，而是研究什么问题的解决。"

方鸿渐道："我只在哲学系混[3]了一
年，看了几本参考书[4]，在褚先生面前只
能是学生。"

褚慎明道："哪里，哪里！不过听方
先生的话，好像把一个个哲学家作为
单位[5]，来看他们的著作[6]。这只算研究

1. 解决: to solve
2. 修正: to correct
3. 混: to muddle along
4. 参考书: reference book
5. 单位: unit
6. 著作: works

zhéxuéjiā, suàn bu de yánjiū zhéxué. Wǒ xǐhuan yòng
哲学家，算不得研究哲学。我喜欢用

zìjǐ de tóunǎo lái sīkǎo, kēxué, wénxué de shū wǒ dōu
自己的头脑来思考[1]，科学、文学的书我都

kàn, kěshì bú dào wànbùdéyǐ jué bú kàn zhéxué shū.
看，可是不到万不得已[2]绝不看哲学书。

Xiànzài xǔduō bèi rénwéi shì zhéxuéjiā de rén, yángé shuō
现在许多被认为是哲学家的人，严格说

lái, gāi jiào zhéxuéjiā xuéjiā." Tā shuō zhège "zhéxuéjiā
来，该叫哲学家学家。"他说这个"哲学家

xuéjiā" de cí shì Luósù de rǔmíng gàosu
学家"的词是 Bertie（罗素❷的乳名[3]）告诉

tā de. Luósù gēn tā gòu de shàng péngyou, céng qǐng tā
他的。罗素跟他够得上[4]朋友，曾请他

jiědále xǔduōwèntí, tā yóucǐ ér wèn Fāng Hóngjiàn duì
解答了许多问题，他由此而问方鸿渐对

shùlǐ luóji yǒuguò yánjiū méiyǒu.
数理逻辑[5]有过研究没有。

Fāng Hóngjiànshuō: "Wǒ zhīdào zhè dōngxi tài nán le,
方鸿渐说："我知道这东西太难了，

méiyǒu xuéguò."
没有学过。"

"Zhè huà háishi yǒu yǔbìng, nǐ méiyǒu xuéguò
"这话还是有语病[6]，你没有学过，

zěnme huì 'zhīdào' tā tài nán ne? Nǐ de yìsi shì:
怎么会'知道'它太难呢？你的意思是：

Tīngshuō zhè dōngxi tài nán le."
听说这东西太难了。"

Sū xiǎojiě dào: "Chǔ xiānsheng tài lìhai le! Wǒ
苏小姐道："褚先生太厉害了！我

1.思考: to think

2.万不得已: as a last resort

3.乳名: pet name

4.够得上: to qualify to be called

5.数理逻辑: mathematical logic

6.语病: mistakes (in language)

53

dōu bù gǎn kāikǒu le. "

都不敢开口了。"

Chǔ Shènmíngdào: " Bù kāikǒu méiyǒu yòng, xīnli de

褚慎明道:"不开口没有用,心里的

sīxiǎng háishi hùnluàn, bù hé luójí, zhè bìnggēn méiyǒu

思想还是混乱[1]、不合逻辑,这病根[2]没有

qùdiào. "

去掉。"

Sū xiǎojiě juēzuǐ dào: " Nǐ tài kěpà le! Wǒmen

苏小姐撅嘴[3]道:"你太可怕了!我们

xīnli de zìyóu dōu méiyǒu le. Wǒ kàn nǐ jiù méiyǒu

心里的自由都没有了。我看你就没有

běnshì zuāndào rén xīn li qù. "

本事钻到人心里去。"

Chǔ Shènmíng yìshēng zhōng háishi dì-yī cì yǒu měimào

褚慎明一生中还是第一次有美貌[4]

shàonǚ gēn tā jiǎngdào " xīn ", jīdòng de bǎ yǎnjìng dōu

少女跟他讲到"心",激动得把眼镜都

diàojìn niúnǎi bēizi li, jiàn de yīfu shang zhuōzi shang

掉进牛奶杯子里,溅[5]得衣服上桌子上

dōu shì niúnǎi, xìnghǎo yǎnjìng méiyǒu pò.

都是牛奶,幸好[6]眼镜没有破。

Dǒng Xiéchuān dào: " Suīrán ´mǎqián-pōshuǐ´, kě

董斜川道:"虽然'马前泼水❸',可

yě ´pòjìng-chóngyuán´, wǒmen de dà zhéxuéjiā jiānglái de

也'破镜重圆❹',我们的大哲学家将来的

hūnyīn yídìng yǒubēi-yǒuxǐ, tèbié yǒu yìsi. "

婚姻一定有悲有喜,特别有意思。"

Fāng Hóngjiàn què shuō dào: " Xīwàng Chǔ xiānsheng búyào

方鸿渐却说道:"希望褚先生不要

1. 混乱: chaos

2. 病根: root of trouble

3. 撅嘴: to pout one's lips

4. 美貌: beautiful

5. 溅: to splash

6. 幸好: fortunately

xiàng Luósù nàyàng nào sān-sì cì líhūn."
像罗素那样闹[1]三四次离婚[2]。"

Chǔ Shènmíng shēngqì dào: "Zhè jiùshì nǐ xué de
褚慎明生气道:"这就是你学的

zhéxué!" Sū xiǎojiě shuō: "Hóngjiàn, wǒ kàn nǐ zuì le."
哲学!"苏小姐说:"鸿渐,我看你醉了。"

Fāng Hóngjiàn zhēnde yǒuxiē zuì le, yīnwèi gāngcái Chǔ Shènmíng
方鸿渐真的有些醉了,因为刚才褚慎明

gēn tā dà tán zhéxué wèntí shí, Zhào xīnméi yào diū tā de
跟他大谈哲学问题时,赵辛楣要丢他的

liǎn, yízài shuō tā shū le, fá tā hēle hěn duō jiǔ.
脸,一再说他输了,罚[3]他喝了很多酒。

Chǔ Shènmíng yòu dào: "Guānyú jiéhūn líhūn
褚慎明又道:"关于Bertie结婚离婚

de shì, wǒ yě gēn tā tánguò. Tā shuō yīngguó yǒu jù
的事,我也跟他谈过。他说英国有句

gǔhuà, shuō jiéhūn hǎoxiàng niǎo lóngzi, lóngzi wàimian de
古话,说结婚好像鸟笼子[4],笼子外面的

niǎo xiǎng fēi jìnqù, lóngzi lǐmian de niǎo xiǎng fēi chūlái,
鸟想飞进去,笼子里面的鸟想飞出来,

suǒyǐ jiéle yòu lí, líle yòu jié."
所以结了又离,离了又结。"

Sū xiǎojiě dào: "Fǎguó yě yǒu zhèyàng de huà,
苏小姐道:"法国也有这样的话,

búguò shì shuō bèi wéikùn de chéngbǎo, chéng wài de rén xiǎng
不过是说被围困[5]的城堡[6],城外的人想

chōng jìnqù, chéng li de rén xiǎng chōng chūlái."
冲进去,城里的人想冲出来。"

Jiēzhe, shīrén Dǒng Xiéchuān yòu jiǎngqǐle shī, shuō
接着,诗人董斜川又讲起了诗,说

1. 闹: to make trouble
2. 离婚: divorce
3. 罚: to punish
4. 笼子: cage
5. 围困: to besiege
6. 城堡: castle

55

pǔtōng liúxuéshēng duì Zhōngguó de jiùshī gēnběn bù dǒng.
普通留学生对中国的旧诗❺根本不懂。

Tā yòu náchū zìjǐ xiě de shī lái, Fāng Hóngjiàn kàn le,
他又拿出自己写的诗来,方鸿渐看了,

xīnli chǎnshēng hěnduō wèntí, dàn pà Dǒng shīrén shuō
心里产生很多问题,但怕董诗人说

zìjǐ bù dǒng, bù gǎn tí chūlái. Zhào Xīnméi yòu yào Fāng
自己不懂,不敢提出来。赵辛楣又要方

Hóngjiàn yě xiě jǐ shǒu shī ràng dàjiā kànkan, Fāng Hóngjiàn
鸿渐也写几首诗让大家看看,方鸿渐

liánmángshuō bú huì zuòshī. Dǒng Xiéchuān jiǎng tā shī li de
连忙说不会作诗。董斜川讲他诗里的

yòngdiǎn, dàjiā dōu bù zhīdào. Zhào Xīnméi shuō: "Fāng
用典❻,大家都不知道。赵辛楣说:"方

xiānsheng, nǐ shì xué Zhōngguówénxué de, nǐ zěnme yě bù
先生,你是学中国文学的,你怎么也不

zhīdào!" Shuōzheyòu fá Fāng Hóngjiàn jiǔ. Fāng Hóngjiàn zhōngyú
知道!"说着又罚方鸿渐酒。方鸿渐终于

zuì le, pǎodào pángbiān tùle qǐlái. Tùwán yǐhòu, tā
醉了,跑到旁边吐了起来。吐完以后,他

shuō: "Wǒ tóu yǒu diǎn tòng, xiǎng huí jiā qù le."
说:"我头有点痛,想回家去了。"

Zhào Xīnméi zhèng xīwàng tā kuàidiǎn huíqù, jiù shuō:
赵辛楣正希望他快点回去,就说:

"Wǒ fēnfù rén jiào chē sòng nǐ huíqù."
"我吩咐人叫车送你回去。"

Sū xiǎojiě dào: "Búyòng, tā zuò wǒ de chē, wǒ
苏小姐道:"不用,他坐我的车,我

sòng tā huí jiā."
送他回家。"

56

围城

Zhào Xīnméi jīntiān yào Fāng Hóngjiàn zài Sū xiǎojiě
赵辛楣今天要方鸿渐在苏小姐

miànqián diūliǎn de jìhuà chàbuduō wánquán chénggōng
面前丢脸的计划差不多完全成功

le, kěshì, tā de chénggōng zhǐ zhèngshíle tā de
了,可是,他的成功只证实[1]了他的

shībài.
失败。

1. 证实: to prove

Tips

❶拼盘姘伴: Title of a poem. 拼盘, a starter dish consisting of several assorted cold food. 姘伴, one's partner with whom one maintains illicit sexual relations.

❷罗素: Bertrand Russell, a British mathematician, idealist philosopher and logician, who once did research in mathematical logic and the foundation of mathematics.

❸马前泼水: To splash water before the horse. An idiom meaning having broken off a reltionship with one's partner, from a legend about an official in the Han Dynasty called Zhu Maichen whose wife left him on account of his poverty. When Zhu gained promotion, his wife stopped him on his horse and asked him to take her back. He handed her a bowl of water and told her to splash the water on the ground. Then he said he would take her back if she could gather up the split water.

❹破镜重圆: To make the broken mirror whole again. An idiom meaning reunion between husband and wife after an enforced separation. The story goes that the State of Chen, one of the Southern Dynasties in the Northern and Southern Dynasties period was on the verge of being conquered. The emperor's son-in-law Xu Deyan broke a mirror in half, giving one half to his wife as a token in case of separation. After undergoing many trials and tribulations, the couple was finally reunited and the mirror restored.

⑤旧诗: Ancient Chinese poetry.

⑥用典: Verses or stories quoted from ancient books.

Exercises

1. 看了苏小姐折扇上的诗,方鸿渐认为　　　　　　　（　　）

   A. 这首诗写得很好,但因为是青年政客写的,所以他偏说不好

   B. 这首诗是偷来的

   C. 因为是苏小姐写的,所以写得很好

2. 方鸿渐喝醉了酒,是因为　　　　　　　（　　）

   A. 他本来不会喝酒

   B. 他听褚慎明讲哲学问题听得很高兴,喝了很多酒

   C. 赵辛楣罚他喝了很多酒

3. 赵辛楣要在苏小姐面前丢方鸿渐的脸,最后　　　　（　　）

   A. 方鸿渐丢了脸,赵辛楣成功了

   B. 方鸿渐虽然丢了脸,但是赵辛楣失败了

   C. 方鸿渐并没有丢脸

The Besieged City

围城

1. 请你说一说"围城"是什么意思。

2. 为什么说赵辛楣成功地让方鸿渐在苏小姐面前丢了脸,却只证实了他自己的失败?

五、苏小姐和唐小姐（二）

Dì-èr tiān shàngwǔ hé xiàwǔ, Sū xiǎojiě dōu gěi Fāng
第二天上午和下午,苏小姐都给方

Hóngjiàn dǎ diànhuà, wèn tā zěnmeyàng le. Wǎnshang yòu lái
鸿渐打电话,问他怎么样了。 晚上 又来

diànhuà yuē tā qù yètán.
电话约他去夜谈[1]。

Fāng Hóngjiàn láidào Sū jiā, Sū xiǎojiě lǐng tā dào yuán
方鸿渐来到苏家,苏小姐领他到园

zhōng xīnshǎng yuèsè. Nà tiān shì jiùlì sì yuè shíwǔ,
中 欣赏 月色[2]。那天是旧历四月十五❶,

yuèliang hěn měi. Fāng Hóngjiàn pà zài zhège huánjìng zhōng
月亮很美。方 鸿渐怕在这个环境 中

zhuìrù qíngwǎng, dàn Sū xiǎojiě piān bú ràng tā zǒu, tā
坠入 情网[3],但苏小姐偏不让他走,他

méiyǒu yǒngqì dǐkàng tā.
没有勇气抵抗她。

Sū xiǎojiě shènglì de wēixiàozhe, yòng fǎwén dī shēng
苏小姐胜利地微笑着,用法文低 声

shuō: "Wěn wǒ!" Fāng Hóngjiàn méi
说 :"Embrasse-moi(吻[4] 我)!"方鸿渐没

fǎ duǒbì, qīngqīng de wěnle tā. Tā pà Sū xiǎojiě huì
法躲避[5],轻轻地吻了她。他怕苏小姐会

tí dìnghūn jiéhūn de shì, gēn tā tǎolùn jiānglái de jìhuà,
提订婚结婚的事,跟他讨论将来的计划,

1. 夜谈: to have a talk at night

2. 月色: moonlight

3. 情网: love trap

4. 吻: to kiss

5. 躲避: to escape

60

shuō: "Yuèliang shǐ wǒ zuòle shǎshì, wǒ yào huí jiā le!"
说:"月亮使我做了傻事[1],我要回家了!"

Sū xiǎojiě yě bù gǎn zài liú tā.
苏小姐也不敢再留他。

Fāng Hóngjiàn huí jiā hòu, gěi Sū xiǎojiě xiěle yì fēng
方鸿渐回家后,给苏小姐写了一封

xìn. Xìn shang shuō: Cóng guòqù zhì jīnyè de shì, dōu shì
信。信上说:从过去至今夜的事,都是

wǒ bù hǎo, qǐng nǐ yuánliàng. Xīwàng nǐ wàngdiào wǒ zhège
我不好,请你原谅。希望你忘掉我这个

ruǎnruò méiyǒu yǒngqì de rén.
软弱[2]没有勇气的人。

Sū xiǎojiě jiē xìn hòu, bù mǎshàng dǎ kāilái kàn, què
苏小姐接信后,不马上打开来看,却

xiān dǎ diànhuà wèn tā xìn shang xiěle shénme, yào Fāng Hóngjiàn
先打电话问他信上写了什么,要方鸿渐

bǎ xìn li de huà qīnkǒu gàosu tā. Fāng Hóngjiàn tīngle,
把信里的话亲口告诉她。方鸿渐听了,

zhīdào Sū xiǎojiě wùhuì zhè shì yì fēng qiúhūn de xìn, bù dé
知道苏小姐误会这是一封求婚的信,不得

bù yòng fǎwén gàosu tā: "Wǒ—— Wǒ ài yí gè rén——
不用法文告诉她:"我——我爱一个人——

Ài yí gè nǚrén lìngwài, dǒng? Wǒ qiú nǐ yuánliàng."
爱一个女人另外,懂?我求你原谅。"

"Nǐ—— Nǐ zhè húndàn!" Sū xiǎojiě yòng
"你——你这浑蛋[3]!"苏小姐用

zhōngwén mà tā, shēngyīn wēichàn.
中文骂他,声音微颤[4]。

Shìhòu Fāng Hóngjiàn pà Sū xiǎojiě huì yīn shīliàn zìshā,
事后方鸿渐怕苏小姐会因失恋[5]自杀[6],

1. 傻事: silly thing

2. 软弱: weak

3. 浑蛋: blackguard

4. 微颤: to tremble

5. 失恋: disappointed in a love affair

6. 自杀: to commit suicide

61

yòu gǎnmáng xiě xìn qù qǐng tā yuánliàng, qǐng tā zhēnzhòng,
又赶忙写信去请她原谅,请她珍重[1],

shuō tā bù zhídé tā ài. Xiàwǔ sì diǎn duō zhōng, tā
说他不值得[2]她爱。下午四点多钟,他

jiēdào yì fēng diànbào. Tā yǐwéi Sū xiǎojiě chūle shénme
接到一封电报。他以为苏小姐出了什么

shì, jímáng dǎkāi kàn, yuánlái shì Sānlǘ Dàxué xiàozhǎng Gāo
事,急忙打开看,原来是三闾大学[3]校长高

Sōngnián dǎlái de, qǐng tā qù zuò jiàoshòu, měi yuè xīnshuǐ
松年[4]打来的,请他去做教授[5],每月薪水[6]

sānbǎi sìshí yuán. Diànbào shì cóng Húnán Píngchéng dǎlái
三百四十元。电报是从湖南[7]平成[8]打来

de, Sānlǘ Dàxué yǐqián méi tīngshuōguò, yěxǔ shì xīn chénglì
的,三闾大学以前没听说过,也许是新成立

de ba! Gāo Sōngnián tā yě bú rènshi, búguò dāng guólì
的吧!高松年他也不认识,不过当国立

dàxué de jiàoshòu háishi yí jiàn hěn tǐmiàn de shì. Wǎnshang
大学的教授还是一件很体面[9]的事。晚上

tā bǎ zhège xiāoxi gàosule Zhōu jīnglǐ fūfù, tāmen dōu
他把这个消息告诉了周经理夫妇,他们都

hěn gāoxìng. Tā yòu xiě xìn gàosule Táng xiǎojiě, qǐng tā
很高兴。他又写信告诉了唐小姐,请她

bāngzhù juédìng qù bú qù. Dì-èr tiān yìzǎo tā bǎ xìn sòngle
帮助决定去不去。第二天一早他把信送了

chūqù, xiàwǔ yòu qīnzì qù Táng jiā; dàole Táng jiā ménkǒu,
出去,下午又亲自去唐家;到了唐家门口,

kànjiàn tíngzhe Sū xiǎojiě de qìchē, jiù méi gǎn jìnqù,
看见停着苏小姐的汽车,就没敢进去,

kěshì yìlián jǐ tiān, Táng xiǎojiě dōu méiyǒu huí xìn; qù kàn
可是一连几天,唐小姐都没有回信;去看

1. 珍重: to take good care of oneself

2. 值得: worth

3. 三闾大学: Sanlü University

4. 高松年: Gao Song-nian, name

5. 教授: professor

6. 薪水: salary

7. 湖南: Hunan (province)

8. 平成: Pingcheng (county)

9. 体面: dignity

tā, tā jiā de nǚ yòngren yòu shuō xiǎojiě bú zài jiā.
她，她家的女用人又说小姐不在家。

Yǒu yì tiān, cóng zǎochen qǐ jiù xiàzhe yǔ, yìzhí dào
有一天，从早晨起就下着雨，一直到

xiàwǔ méiyǒu tíngguò. Fāng Hóngjiàn màoyǔ qù Táng jiā, zhōngyú
下午没有停过。方鸿渐冒雨[1]去唐家，终于

jiàndàole Táng xiǎojiě. Táng xiǎojiě liǎn shang háowú xiàoróng de
见到了唐小姐。唐小姐脸上毫无[2]笑容地

wèn tā nà tiān dàole ménkǒu wèi shénme bú jìnlái? Yuánlái,
问他那天到了门口为什么不进来？原来，

nà tiān Sū xiǎojiě de sījī kànjiàn Fāng Hóngjiàn dàole Táng
那天苏小姐的司机[3]看见方鸿渐到了唐

jiā ménkǒu, què méiyǒu jìnqù, juéde qíguài, biàn
家门口，却没有进去，觉得奇怪，便

gàosule Sū xiǎojiě, Sū xiǎojiě yòu gàosule Táng xiǎojiě.
告诉了苏小姐，苏小姐又告诉了唐小姐。

Táng xiǎojiě hái shuō, Sū xiǎojiě yǐ bǎ tā de xìn gěi tā kàn
唐小姐还说，苏小姐已把他的信给她看

le, bìng bǎ cóng chuán shang dào nà tiān wǎnshang de shì quán
了，并把从船上到那天晚上的事全

gàosule tā. Fāng Hóngjiàn xiǎng Sū Wénwán yídìng shuōle
告诉了她。方鸿渐想苏文纨一定说了

hěn duō bù fúhé shìshí de huà, zhǔnbèi gěi Táng xiǎojiě zuò
很多不符合事实的话，准备给唐小姐作

xiē shuōmíng, jiěshì. Táng xiǎojiě què bù gěi tā shuōhuà
些说明、解释[4]。唐小姐却不给他说话

de jīhuì, shuō: "Nǐ yào jiěshì kěyǐ duì wǒ biǎojiě qù
的机会，说："你要解释可以对我表姐去

jiǎng. Biǎojiě hái gàosu wǒ jǐ jiàn guānyú Fāng xiānsheng de
讲。表姐还告诉我几件关于方先生的

1. 冒雨: to brave the
rain

2. 毫无: without

3. 司机: driver

4. 解释: to explain

63

事，不知道正确不正确：方先生现在住在

周家，听说并不是普通的亲戚，是丈人家，

方先生以前结过婚——"方鸿渐要

插嘴[1]，唐小姐不让他分辩[2]。"方先生在

回国的船上曾跟一位鲍小姐打得火热，

是不是？鲍小姐走了，你立刻又跟表姐好，

直到——我不用再说了。并且，听说方

先生在欧洲念书，得过美国的学位——"

"我跟你说过我有学位没有？那是开

的玩笑。"方鸿渐不得不解释说。

"方先生人聪明，一切都可以开玩笑，

可是我们这种傻瓜[3]，把你开的玩笑都看得

很认真——我只希望方先生前途无量[4]。"

方鸿渐听到最后一句话，明白事情

已经无望[5]，抬起头来两眼是泪，然后起

1. 插嘴: to interrupt

2. 分辨: to explain in defence

3. 傻瓜: fool

4. 前途无量: to have boundless prospects

5. 无望: hopeless

围城
The
Besieged
City

shēn líkāile Táng jiā.
身 离开了唐家。

Táng xiǎojiě bízi hūrán suān le. Tā zhàn zài
唐 小姐 鼻子 忽然 酸[1] 了。她 站 在

chuāngkǒu kàndào Fāng Hóngjiàn chūle mén, dàn méiyǒu mǎshàng
窗口 看到 方 鸿渐 出了 门,但 没有 马上

líqù, què màozhe dà yǔ zhàn zài duìmiàn de mǎlù shang,
离去,却 冒着 大 雨 站 在 对面的 马路 上 ,

guòle hǎo yíhuìr cái qǐbù yuǎn qù; tā pà tā zài lù-
过了 好 一会儿 才 起步[2]远 去;她 怕他 在 路

shang chūshì, gěi tā dǎle jǐ cì diànhuà, tā dōu méiyǒu
上 出事,给 他 打了 几 次 电话,他 都 没有

huíjiā. Zuìhòu yí cì qù diànhuà de shíhou, Fāng Hóngjiàn
回家。最后 一 次 去 电话 的 时候,方 鸿渐

gāng huí jiā. Yòngrén gàosu tā "Sū xiǎojiě diànhuà", tā
刚 回 家。用人 告诉 他"苏 小姐 电话",他

tiàochū fáng mén, ná qǐ diànhuà, dà shēng shuō dào: "Hǎo
跳出 房 门,拿 起 电话,大 声 说 道:"好

bú yào liǎn! Nǐ dǎo de shénme guǐ?" Táng xiǎojiě tīngle
不 要 脸[3]! 你 捣的 什么 鬼[4]?"唐 小姐 听了

gǎnmáng fàngxià diànhuà, qì de rén dōu fāyūn le.
赶忙 放下 电话,气 得 人 都 发晕[5]了。

Dì-èr tiān Fāng Hóngjiàn gāng qǐchuáng, Táng jiā yòngrén
第二 天 方 鸿渐 刚 起床, 唐家 用人

sònglái yí gè zhǐbāo, tā zhīdào zhè shì zìjǐ yǐqián gěi
送来 一 个 纸包,他 知道 这 是 自己 以前 给

Táng xiǎojiě de xìn. Tā chuítóu-sàngqì, yě bǎ Táng xiǎojiě
唐 小姐 的 信。他 垂头丧气[6],也 把 唐 小姐

gěi zìjǐ de xìn jiāogěi nà yòngrén dàizǒu le. Táng xiǎojiě
给 自己 的 信 交给 那 用人 带走 了。唐 小姐

1. 酸: sour
2. 起步: to start to walk
3. 不要脸: shameless
4. 捣鬼: to play tricks
5. 发晕: faint
6. 垂头丧气: dejected

67

kàndào Fāng Hóngjiàn bǎ   zìjǐ   de xìn bǎocún de nàyàng hǎo,
看到方鸿渐把自己的信保存得那样好，

xiǎngqǐ guānyú Fāng Hóngjiàn de shì dōu zhǐshì tīng biǎojiě yí gè
想起关于方鸿渐的事都只是听表姐一个

rén shuō de,   yòu xiǎngqǐ yǐqián Zhōu jiā de rén céngjīng bǎ tā
人说的，又想起以前周家的人曾经把她

dàngzuò Sū xiǎojiě,   zuótiān de diànhuà yěxǔ   yě shì wùhuì,
当做苏小姐，昨天的电话也许也是误会，

dàn bǐcǐ   yǐjīng   juéliè,   tā bù xiǎng zài qù zhèngshí
但彼此¹已经决裂²，她不想再去证实

zhèxiē shì le.
这些事了。

Kěshì Táng xiǎojiě   xīnli   wàng bù liǎo Fāng Hóngjiàn,
可是唐小姐心里忘不了方鸿渐，

zhōngyú shēngbìng le.   Sū xiǎojiě měi tiān lái kànwàng tā,
终于³生病了。苏小姐每天来看望她，

bìng gàosu tā zìjǐ yǐ gēn Cáo Yuánlǎng dìnghūn le.   Táng
并告诉她自己已跟曹元朗订婚了。唐

xiǎojiě bìng hǎo yǐhòu,   cānjiāle Sū xiǎojiě de hūnlǐ,   jiù
小姐病好以后，参加了苏小姐的婚礼，就

gēn fùqin yìqǐ dào Chóngqìng qù le.
跟父亲一起到重庆⁴去了。

1. 彼此：each other
2. 决裂：to break with
3. 终于：at last
4. 重庆：Chongqing (city)

Tip

❶旧历四月十五: The fifteenth day of the fourth month in the lunar calendar. The moon comes full on the fifteenth day of each lunar month.

Questions

1. 方鸿渐是如何向苏小姐解释自己做的傻事的?

2. 唐小姐为什么不给方鸿渐回信,也不愿意见他?

3. 方鸿渐在电话里骂苏小姐"捣鬼",苏小姐捣了什么鬼?

六、不食周粟

Fāng Hóngjiàn bǎ Táng xiǎojiě de xìn jiāogěile Táng jiā rén
方鸿渐把唐小姐的信交给了唐家人

yǐhòu, jiù huí lóu shang xǐliǎn. Zhōu tàitai zuówǎn tīng
以后，就回楼上洗脸。周太太昨晚听

yòngren gàosu tā Fāng Hóngjiàn zài diànhuà li màrén, xiǎng
用人告诉她方鸿渐在电话里骂人，想

wènwen tā fāshēngle shénme shì, chī zǎofàn de shíhou, jiù
问问他发生了什么事，吃早饭的时候，就

zài fànzhuō páng děng tā, kěshì Fāng Hóngjiàn lián zǎofàn yě
在饭桌旁等他，可是方鸿渐连早饭也

méiyǒu chī jiù chūmén qù le. Zhōu tàitai hěn shēngqì, shuō:
没有吃就出门去了。周太太很生气，说：

"Xiànzài tā chī Zhōu jiā de fàn, zhù Zhōu jiā de fángzi, zài
"现在他吃周家的饭，住周家的房子，在

Zhōu jiā de yínháng li zuòshì, què mánle wǒ zài wàimian
周家的银行里做事，却瞒[1]了我在外面

húnào, zǎochen chūmén yě bù dǎ gè zhāohu, hái suàn shì
胡闹[2]，早晨出门也不打个招呼，还算是

niànshū rénjiā de érzi! Shénme nǚzǐ huì xǐhuan tā?!"
念书人家的儿子！什么女子会喜欢他?!"

Fāng Hóngjiàn bù chī zǎofàn jiù chūmén, díquè shì
方鸿渐不吃早饭就出门，的确是

yīnwèi bú yuànyì jiàndào Zhōu tàitai. Tā zhèshí pà yǒurén
因为不愿意见到周太太。他这时怕有人

1. 瞒: to hide the truth from sb.

2. 胡闹: to run wild

70

wèn tā, gèng pà yǒurén liánmǐn tā, jiàoxùn tā. Lái dào
问他，更怕有人怜悯他、教训¹他。来到

yínháng, xiǎngqǐle Sānlú Dàxué de yāoqǐng, tā tànle kǒu
银行，想起了三闾大学的邀请，他叹了口

qì, jiù fù diàn tóngyì le. Jiēzhe, Zhōu jīnglǐ pài rén qǐng
气²，就复³电同意了。接着，周经理派人请

tā qù bàngōngshì, wèn tā: "Shì zěnme huíshì? Nǐ zhàngmu
他去办公室，问他：“是怎么回事？你丈母

fànbìng le. Wǒ chūmén shí, zhèngzài zhǎo yīshēng ne."
犯病⁴了。我出门时，正在找医生呢。”

Fāng Hóngjiàn shuō: "Jīntiān zǎochen dào xiànzài wǒ hái
方鸿渐说：“今天早晨到现在我还

méi jiànguò tā ne."
没见过她呢。”

Zhōu jīnglǐ dào: "Nǐ zhàngmu cóng nǚ'ér qùshì hòu,
周经理道：“你丈母从女儿去世后，

shēntǐ yìzhí bùhǎo, nǐ búyào ràng tā shēngqì."
身体一直不好，你不要让她生气。”

Fāng Hóngjiàn dào: "Wǒ zhīdào le, yào bú yào wǒ dǎ
方鸿渐道：“我知道了，要不要我打

gè diànhuà wènwèn tā xiànzài hǎole méiyǒu?"
个电话问问她现在好了没有？”

"Nǐ búyào dǎ, tā zhèngzài gēn nǐ shēngqì ne."
“你不要打，她正在跟你生气呢。”

Fāng Hóngjiàn huídào zìjǐ de bàngōngzhuō hòu, xiǎng,
方鸿渐回到自己的办公桌后，想，

bù néng zài zài Zhōu jiā zhù xiàqù le. Zhōu jīnglǐ zhōngwǔ
不能再在周家住下去了。周经理中午

chīle wǔfàn huídào yínháng, yòu zhǎo Fāng Hóngjiàn tánhuà,
吃了午饭回到银行，又找方鸿渐谈话，

1. 教训：to give sb. a lecture
2. 叹了口气：to sigh
3. 复（电）：to answer (a telegram); to reply
4. 犯病：to have an attack of one's old illness

71

dì-yī jù jiù wèn tā fùle Sānlǘ Dàxué de diànbào
第一句就问他复了三闾大学的电报

méiyǒu。 Fāng Hóngjiàn míngbai tā de yìsi, shuō "fù le"。
没有。方鸿渐明白他的意思,说"复了"。

Zhōu jīnglǐ yòu dào: "Hǎo。 Zài wǒmen yínháng li hùn, bú
周经理又道:"好。在我们银行里混,不

shì hǎo bànfǎ。 Cóng jīntiān qǐ, nǐ yào mángzhe zhǔnbèi
是好办法。从今天起,你要忙着准备

chūfā, jiù kěyǐ bù lái yínháng le。 Wǒ sòng nǐ sì gè
出发,就可以不来银行了。我送你四个

yuè de xīnshuǐ。" Hái shuō qǐng tā "bú yào wùhuì"。 Fāng
月的薪水。"还说请他"不要误会"。方

Hóngjiàn gāo'ào de shuō: "Wǒ bú yào qián, wǒ yǒu qián。"
鸿渐高傲地说:"我不要钱,我有钱。"

Ránhòu pǎochūle yínháng。 Tā xiǎng, zuótiān nǚ péngyou
然后跑出了银行。他想,昨天女朋友

líkāile zìjǐ, jīntiān zhàngren yòu bú yào zìjǐ le,
离开了自己,今天丈人又不要自己了,

xiànzài tūrán huídào zìjǐ de jiā li, jiālirén huì
现在突然回到自己的家里,家里人会

zěnme xiǎng ne? Fǎnzhèng zài jiā zhù bù liǎo jǐ tiān, jiù yào
怎么想呢?反正[1]在家住不了几天,就要

qù Sānlǘ Dàxué。 Zhè shíhou tā cái xiǎngqǐ, hái méiyǒu bǎ
去三闾大学。这时候他才想起,还没有把

Sānlǘ Dàxué de shìqing gàosu fùmǔ ne。
三闾大学的事情告诉父母呢。

Huídào jiā li, Fāng lǎo xiānsheng duì tā shuō: "Wǒ
回到家里,方老先生对他说:"我

zhèngyào zhǎo nǐ。 Nǐ zhàngmu jīntiān zǎochen lái diànhuà, shuō
正要找你。你丈母今天早晨来电话,说

1. 反正: anyway

72

nǐ zài wàimian gēn nǔrén húnào.　Nǐ huí jiā lái zhù ba,
你在外面跟女人胡闹。你回家来住吧，

miǎnde rénjia tǎoyàn."
免得¹人家讨厌。"

Fāng Hóngjiàn xiūfèn de shuō:　"Wǒ shì xiǎng míngtiān
方鸿渐羞愤²地说："我是想明天

bān huílái.　Wǒ zhàngmu tài ài wúshìshēngfēi le!"
搬回来。我丈母太爱无事生非³了！"

Fāng lǎo tàitai wèn tā:　"Nà wèi Sū xiǎojiě zěnmeyàng
方老太太问他："那位苏小姐怎么样

le?　Zhǐyào nǐ zhēn xǐhuan tā,　jiāli huì zhào nǐ de
了？只要你真喜欢她，家里会照你的

yìsi bàn de."
意思办的。"

Fāng Hóngjiàn suíkǒu húbiān dào:　"Tā yǐjīng gēn rén
方鸿渐随口⁴胡编⁵道："她已经跟人

dìnghūn le."　Tā méiyǒu gàosu tāmen Táng xiǎojiě de shì,
订婚了。"他没有告诉他们唐小姐的事，

ér bǎ Sānlǘ Dàxué de diànbào gěi Fāng lǎo xiānsheng kàn le.
而把三闾大学的电报给方老先生看了。

Fāng lǎo xiānsheng hé Fāng lǎo tàitai guǒrán hěn gāoxìng, shuō,
方老先生和方老太太果然很高兴，说，

zhè cái shì liúxuéshēng zuò de shì,　bǐ zài xiǎo yínháng hùn hǎo
这才是留学生做的事，比在小银行混好

duō le,　yòu shuō:　"Zhōu jiā dàodǐ shì shāngrén,　xiànzài
多了，又说："周家到底是商人，现在

kànbuqǐ wǒmen le."
看不起我们了。"

Fāng Hóngjiàn chīle wǎnfàn, yòu yí gè rén qù kàn
方鸿渐吃了晚饭，又一个人去看

1. 免得: so as not to

2. 羞愤: ashamed and resentful

3. 无事生非: to make trouble out of nothing

4. 随口: to speak casually

5. 胡编: to concoct recklessly

73

电影，等周经理夫妇都睡了，才慢慢
回到周家。他整理好自己的东西，睡了
一会儿，第二天一早，就离开了周家。

在家里住了近十天，三闾大学没有
消息，方鸿渐却收到了赵辛楣的信，约他
下午去赵家。信里说："以前的事，都是
误会；今天有重要的事情告诉你。"那天
上午，方鸿渐看到当天报上登了曹元朗
和苏文纨订婚的启事¹。这也许就是赵
辛楣要告诉他的"重要事情"吧，他想。

下午，方鸿渐跟赵辛楣见了面。赵
辛楣说："那天喝醉酒的事不要再提了，
以后咱们要好好地交²个朋友。"说起苏
小姐订婚的事，赵辛楣又说："我以为她
一定嫁给你，谁知道是姓曹的！我们都

1. 启事：notice
2. 交（朋友）：to make (friends)

shòu tā piàn le. Xiànzài zánmen tóngbìngxiānglián, jiānglái yòu

受她骗了。现在咱们同病相怜[1]，将来又

shì tóngshì—"

是同事[2]——"

"Shénme? Nǐ yě qù Sānlǘ Dàxué?"

"什么？你也去三闾大学？"

Yúshì, Zhào Xīnméi gàosu tā: Sānlǘ Dàxué shì yí

于是，赵辛楣告诉他：三闾大学是一

gè xīn chénglì de dàxué, xiàozhǎng Gāo Sōngnián shì tā de

个新成立的大学，校长高松年是他的

lǎoshī. Běnlái Gāo Sōngnián yào qǐng tā qù dāng zhèngzhìxì

老师。本来高松年要请他去当政治系

zhǔrèn, dàn tā lí bù kāi Sū xiǎojiě, jiù qiāoqiāo de bǎ

主任[3]，但他离不开苏小姐，就悄悄[4]地把

Fāng Hóngjiàn jièshào gěi Gāo Sōngnián, hǎo ràng Fāng Hóngjiàn

方鸿渐介绍给高松年，好让方鸿渐

líkāi Sū xiǎojiě, kěshì Gāo Sōngnián jiānchí qǐng tā qù, tā

离开苏小姐，可是高松年坚持请他去，他

yòu dédàole Sū xiǎojiě dìnghūn de xiāoxi, jiù fù diàn

又得到了苏小姐订婚的消息，就复电

tóngyì le. Zhào Xīnméi yòu shuō, Shànghǎi hái yǒu jǐ gè

同意了。赵辛楣又说，上海还有几个

rén, tāmen kěyǐ yìqǐ qù.

人，他们可以一起去。

Fāng Hóngjiàn zhè cái zhīdào, Gāo Sōngnián qǐng tā qù

方鸿渐这才知道，高松年请他去

dāng jiàoshòu shì Zhào Xīnméi jièshào de, biàn dào: "Wǒ

当教授是赵辛楣介绍的，便道："我

yīnggāi hǎohāor xièxie nǐ." Jiēzhe tā gàosu Zhào

应该好好儿谢谢你。"接着他告诉赵

1. 同病相怜: fellow sufferers who commiserate with each other

2. 同事: colleague

3. 主任: department chairman

4. 悄悄: secretly

Xīnméi, tā ài de búshì Sū xiǎojiě, érshì Táng xiǎojiě,
辛楣,他爱的不是苏小姐,而是唐小姐,

búguò xiànzài yě bèi Táng xiǎojiě shuǎi le. Zhào Xīnméi
不过现在也被唐小姐甩了。赵辛楣

tīngle, zhīdào zìjǐ yǐqián wánquán gǎocuò le, tàidu
听了,知道自己以前完全搞错了,态度

qīngsōngle xǔduō. Tā liúzhù Fāng Hóngjiàn, yòu dǎ diànhuà
轻松¹了许多。他留住方鸿渐,又打电话

jiàoláile Dǒng Xiéchuān, sān gè rén yìqǐ qù chī wǎnfàn.
叫来了董斜川,三个人一起去吃晚饭。

Chīfàn de shíhou, tánqǐ Sānlú Dàxué, Fāng Hóngjiàn
吃饭的时候,谈起三闾大学,方鸿渐

duì Zhào Xīnméi dào: "Yīngdāng jièshào Xiéchuān qù."
对赵辛楣道:"应当介绍斜川去。"

Zhào Xīnméi dào: "Xiéchuān? Tā kěn qù ma? Nà
赵辛楣道:"斜川?他肯去吗?那

zhǒng dìfang zhǐyǒu wǒmen yí duì shīliàn de fèiwù cái kěn
种地方只有我们一对失恋的废物²才肯

qù, Xiéchuān jiā li yǒu niánqīngpiàoliang de tàitai."
去,斜川家里有年轻漂亮的太太。"

Dǒng Xiéchuān xiào dào: "Bié húshuō, wǒ duì jiāoshū
董斜川笑道:"别胡说,我对教书

méiyǒu xìngqù."
没有兴趣。"

Fāng Hóngjiàn dào: "Duì ya. Wǒ ne, huí guó yǐhòu děngyú
方鸿渐道:"对呀。我呢,回国以后等于

shīyè, jiāoshū yě suàn yǒule shì zuò. Xīnméi, nǐ zài bàoguǎn
失业³,教书也算有了事做。辛楣,你在报馆

zuòshì, yǐhòu hái kěyǐ zuòguān, qù nàli qǐbù kěxī?"
做事,以后还可以做官,去那里岂不⁴可惜?"

1. 轻松: at ease

2. 废物: good-for-noth-ing

3. 失业: jobless

4. 岂不: isn't that

围城
The
Besieged
City

Zhào Xīnméi dào: "Bànbào hé jiāoshū dōu shì wèile jiāoyù

赵辛楣道："办报和教书都是为了教育

qúnzhòng; zài shuō, jiāoshū yě kěyǐ gàn zhèngzhì, nǐ kàn

群众；再说，教书也可以干政治，你看

xiànzài xǔduō Zhōngguó dà zhèngkè, dōu shì jiàoshòu

现在许多中国大政客，都是教授

chūshēn."

出身[1]。"

Fāng Hóngjiàn dào: "Dà jiàoshòu gàn zhèngzhì, xiǎo

方鸿渐道："大教授干政治，小

zhèngkè bàn jiàoyù. Cóngqián de yúmín zhèngcè shì bú ràng

政客办教育。从前的愚民政策[2]是不让

rénmín shòu jiàoyù, xiànzài yúmín zhèngcè shì zhǐ ràng rénmín

人民受教育，现在愚民政策是只让人民

shòu yì zhǒng jiàoyù. Bú shòu jiàoyù de rén, yīnwèi bù

受一种教育。不受教育的人，因为不

shízì, shòu rén piàn; shòu jiàoyù de rén, yīnwèi shíle

识字，受人骗；受教育的人，因为识了

zì, yě shòu rén piàn. Nǐmen de bàozhǐ jiù shì piànrén

字，也受人骗。你们的报纸就是骗人[3]

de dōngxi."

的东西。"

Zhào Xīnméi lěngxiào dào: "Tā niánlíng cái èrshíbā suì,

赵辛楣冷笑道："他年龄才二十八岁，

yīnwèi shíle yí cì liàn, jiù kànpòle jiàoyù, kànpòle

因为失了一次恋，就看破[4]了教育，看破了

zhèngzhì, kànpòle yíqiè. Zhēn méiyǒu zhìqì!"

政治，看破了一切。真没有志气[5]!"

Dǒng Xiéchuān yě dào: "Búyào wèile yí gè nǚ-

董斜川也道："不要为了一个女

1. 出身: family background

2. 愚民政策: obscurantist policy

3. 骗人: to cheat

4. 看破: to see through

5. 志气: ambition

háizi—"

孩子——"

Fāng Hóngjiàn tīngzhe bù gāoxìng, fènrán zǒuchū fànguǎn

方鸿渐听着不高兴,愤然[1]走出饭馆

huí jiā qù le. Huídào jiā li gāng zuòxià, Zhào Xīnméi,

回家去了。回到家里刚坐下,赵辛楣、

Dǒng Xiéchuān jiù lái diànhuà xiàng tā dàoqiàn.

董斜川就来电话向他道歉[2]。

Cóng Shànghǎi yìqǐ qù Sānlǘ Dàxué de hái yǒu sān

从上海一起去三闾大学的还有三

wèi. Yí wèi shì Zhōngguó wénxuéxì zhǔrèn Lǐ Méitíng, Gāo

位。一位是中国文学系主任李梅亭[3],高

Sōngnián de lǎo tóngshì, sìshí lái suì, tàidu àomàn.

松年的老同事,四十来岁,态度傲慢[4]。

Yí wèi shì Gù Ěrqiān, Gāo Sōngnián de qīnqi, jìn wǔshí

一位是顾尔谦[5],高松年的亲戚,近五十

suì de gānshòu nánrén, tā bèi pìnwéi lìshǐ fùjiàoshòu,

岁的干瘦[6]男人,他被聘[7]为历史副教授[8],

hǎoxiàng hěn gāoxìng. Dì-sān wèi shì Sūn Róujiā xiǎojiě, shì

好像很高兴。第三位是孙柔嘉[9]小姐,是

Zhào Xīnméi tóngshì de nǚ'ér, gāng dàxué bìyè, Zhào

赵辛楣同事的女儿,刚大学毕业,赵

Xīnméi jièshào tā dāngle wàiguó yǔwénxì de zhùjiào; tā

辛楣介绍她当了外国语文系的助教[10];她

chū lái shí hái jiào tā "shūshu". Jǐ gè rén shāngliang hǎo

初来时还叫他"叔叔"。几个人商量好

yìqǐ zuò chuán dào Níngbō. Zhào Xīnméi shuō, chuánpiào

一起坐船到宁波[11]。赵辛楣说,船票

yóu tā qù mǎi, wǔ zhāng dōu mǎi tóuděngcāng. Lǐ Méitíng

由他去买,五张都买头等[12]舱。李梅亭

1. 愤然: angrily
2. 道歉: to apologize
3. 李梅亭: Li Meiting, name
4. 傲慢: arrogant
5. 顾尔谦: Gu Erqian, name
6. 干瘦: skinny
7. 聘: to employ
8. 副教授: associate professor
9. 孙柔嘉: Sun Roujia, name
10. 助教: assistant
11. 宁波: Ningbo (city)
12. 头等: first class

shuō tā yǒu gè péngyou zài lúnchuán gōngsī,　kěyǐ　zhíjiē
说他有个朋友在轮船公司,可以直接

bāngmáng mǎi piào.　Zhào Xīnméi shuō:　"Nà zài hǎo méiyǒu.
帮忙买票。赵辛楣说:"那再好没有。

Bàituō bàituō!"　Fāng Hóngjiàn què tǎoyàn zhège rén,　shuō
拜托¹拜托!"方鸿渐却讨厌这个人,说

tā méiyǒu xuéwen.
他没有学问。

Kāi chuán de　rìzi　shì jiǔ yuè èrshí'èr　rì,　Fāng
开船的日子是九月二十二日,方

Hóngjiàn hěn bú yuànyì de qù Zhōu jiā cíxíng,　dànshì yí gè
鸿渐很不愿意地去周家辞行²,但是一个

rén dōu méi jiàndào.　Guòle yì tiān, Zhōu jiā sònglái sì sè
人都没见到。过了一天,周家送来四色³

lù cài,　Fāng Hóngjiàn jiānjué bù chī.　Fāng lǎo xiānsheng shuō
路菜❶,方鸿渐坚决不吃。方老先生说

érzi　shì　"bùshí-Zhōusù".
儿子是"不食周粟"❷。

1. 拜托: to request sb. to help with sth.
2. 辞行: to say good-bye
3. 色: kind, type

Tips

❶路菜: Dishes given to those embarking on a long journey as a substitution for a farewell dinner.

❷不食周粟:粟: a type of grain. 不食周粟:not to eat the Zhou's grain. This is an idiom meaning having integrity, from a story about Boyi and Shuqi of the Shang Dynasty. They stood up against King Wu of Zhou who eventually conquered the Shang Dynasty and established the Zhou Dynasty, after which they went into the mountains and starved to death, as they refused to eat the grain of the Zhou Dynasty. Coincidentally the character Zhou of the Zhou Dynasty is the same Zhou as the Zhou family's surname.

Exercises

1. 方鸿渐同意去三闾大学,是因为　　　　　　　　　（　　）
   A. 他失恋了
   B. 教书比在银行里混饭好得多
   C. 周经理和周太太不喜欢他

2. 周经理问方鸿渐"复了三闾大学的电报没有",他的实际意思是　　　　　　　　　　　　　　　　　（　　）
   A. 要给他钱
   B. 希望方鸿渐离开他的银行
   C. 要让他好好儿准备

3. 赵辛楣把方鸿渐介绍给了三闾大学校长高松年,是（　　）
   A. 因为高松年是赵辛楣的老师,赵辛楣为了帮助他
   B. 因为方鸿渐离开银行失业了
   C. 为了让方鸿渐离开苏小姐

4. 赵辛楣同意去三闾大学是因为　　　　　　　　　（　　）
   A. 他得到了苏小姐订婚的消息
   B. 教书和办报都是为了教育群众
   C. 他想做官,中国的政客都是教授出身

Questions

1.周家为什么不喜欢方鸿渐？他们对方鸿渐的态度有什么变化？

2.赵辛楣对方鸿渐有什么误会？又对方鸿渐做了些什么？

3.跟方、赵一起去三闾大学的还有谁？请介绍一下他们的情况。

七、艰苦的旅行

Dàole chuán shang, Fāng Hóngjiàn hé Zhào Xīnméi shì tóng
到了船上，方鸿渐和赵辛楣是同

cāng, Sūn xiǎojiě yě yùjiàn le, zhǐ zhǎo bú dào Lǐ Méitíng hé
舱，孙小姐也遇见了，只找不到李梅亭和

Gù Ěrqiān èr rén, sān gè rén dōu hěn zháojí. Zhèngzài zhè
顾尔谦二人，三个人都很着急。正在这

shíhou, cháfáng pǎolái shuō, sānděngcāng li yǒu kèrén zhǎo
时候，茶房[1]跑来说，三等舱里有客人找

tāmen. Zhào, Fāng èr rén xiàqù yíkàn què shì Lǐ xiānsheng
他们。赵、方二人下去一看却是李先生

hé Gù xiānsheng, Gù xiānsheng shuō Lǐ xiānsheng de péngyou zhǐ
和顾先生，顾先生说李先生的朋友只

mǎi dào sān zhāng tóuděngcāng de piào, suǒyǐ tā hé Lǐ xiānsheng
买到三张头等舱的票，所以他和李先生

jiù zuòle sānděngcāng. Zhào xiānsheng shuō: "Qíshí, yīnggāi
就坐了三等舱。赵先生说："其实，应该

nǐmen liǎng wèi xiānsheng zuò tóuděngcāng, wǒmen niánqīng rén
你们两位先生坐头等舱，我们年轻人

yīngdāng kǔ yìxiē." Lǐ xiānsheng dào: "Méi shénme!"
应当苦一些。"李先生道："没什么！"

Wǎnfàn hòu, Fāng Hóngjiàn gēn Zhào Xīnméi láidào jiǎbǎn
晚饭后，方鸿渐跟赵辛楣来到甲板

shang. Zhào Xīnméi hūrán shuō: "Wǒ juéde Lǐ hé Gù dōu
上。赵辛楣忽然说："我觉得李和顾都

1. 茶房: waiter

84

zài sāhuǎng.   Qíshí,   wǔ zhāng tóuděngcāng de piào dōu néng
在 撒谎[1]。其实，五 张 头等舱 的 票 都 能

mǎidào,   tāmen shì wèile shěng qián,   hái yào wǒmen gǎnjī
买到，他们 是 为了 省[2] 钱，还要 我们 感激

tāmen."
他们。"

"Wǒ xiǎng nǐ   cāi   de duì.   Kěshì Sānlú Dàxué gěi
"我 想 你 猜[3] 得 对。可是 三闾 大学 给

měi rén dōu   jìláile   lǚfèi,   wèi shénme hái yào shěng?"
每人 都 寄来了 旅费[4]，为什么 还要 省 ？"

Zhào Xīnméi dào: "Tāmen dōu shì shàngle   niánjì,
赵 辛楣 道："他们 都 是 上了 年纪[5]、

yǒule háizi de rén,   yěxǔ   jiāli   xūyào qián, búguò,
有了 孩子 的 人，也许 家里 需要 钱，不过，

rúguǒ bǎ   dàbùfen qián liúzàile   jiā li,   dài de xíngli
如果 把 大部分 钱 留在了 家 里，带 的 行李

yòu zhème   duō—   Nǐ kàn Lǐ Méitíng de dà tiěxiāng,
又 这么 多 ——你 看 李 梅亭 的 大 铁箱，

wànyī lùshang qián bú gòu,   qǐbù   dānwùle   dàjiā de
万一[6] 路上 钱 不 够，岂不 耽误了 大家 的

shì."   Tā yòu shuō, xuéxiào méiyǒu gěi Sūn xiǎojiě   lǚfèi.
事。"他 又 说，学校 没有 给 孙 小姐 旅费。

Fāng Hóngjiàn dào: "Zhè tài   qǐyǒucǐlǐ   le.
方 鸿渐 道："这 太 岂有此理[7] 了。

Wǒmen shì yǒu zhíyè,   yǒu xīnshuǐ de,   dào kěyǐ búyào
我们 是 有 职业、有 薪水 的，倒 可以 不要

xuéxiào de   lǚfèi,   Sūn xiǎojiě dì-yī   cì chūlái zuòshì,
学校 的 旅费，孙 小姐 第一 次 出来 做事，

zěnme ràng tā   zìjǐ chū lǚfèi ne?   Nǐ dàole xuéxiào,
怎么 让 她 自己 出 旅费 呢？ 你 到了 学校，

1. 撒谎: to lie

2. 省（钱）: to save (money)

3. 猜: to guess

4. 旅费: travel expenses

5. 上年纪: old-aged

6. 万一: in case

7. 岂有此理: outrageous

yídìng yào wèi tā qù zhēng."
一定要为她去 争 。"

"Wǒ yě zhèyàngxiǎng, dàgài bù chéng wèntí. Nǐ
"我也这样 想 ，大概不成 问题。你

zhèyàng guānxīn Sūn xiǎojiě, yào bú yào wǒ tì nǐ jièshào
这样关心孙小姐，要不要我替你介绍

jièshào?"
介绍？"

"Bié húshuō! Wǒ jīngguòle zhè yí cì cuòzhé, bù
"别胡说！我经过了这一次挫折[1]，不

zhī nǎ nián nǎ yuè cái huì jiéhūn. Búguò wǒ xiǎng nǐ yào shì
知哪年哪月才会结婚。不过我想你要是

zhēnde gēn Sū xiǎojiě jiéle hūn, yě méiyǒu shénme yìsi.
真的跟苏小姐结了婚，也没有什么意思。

Wǒ jìde Chǔ Shènmíng háishi Sū xiǎojiě jiǎngguò shénme
我记得褚 慎明 还是苏小姐讲过什么

'wéichéng', jìnlái wǒ duì yíqiè shìqing dōu zhèyàngxiǎng.
' 围城 '，近来我对一切事情都这样 想 。

Bǐrú dāngchū wǒ hěn xīwàng dào Sānlǘ Dàxué qù, hòulái
比如当初[2]我很希望到三闾大学去，后来

yòu xiǎng bùrú liúzài Shànghǎi, zhǐshì méiyǒu yǒngqì tuì
又 想 不如留在 上海，只是没有勇气退

huíqù."
回去。"

Shuōqǐ Sū xiǎojiě, Zhào Xīnméi gàosu Fāng Hóngjiàn,
说起苏小姐，赵辛楣告诉方 鸿渐，

tā qù cānjiā tā de hūnlǐ le, hūnlǐ shang jiàndàole Táng
他去参加她的婚礼了，婚礼上见到了唐

xiǎojiě. FāngHóngjiàn tīng le, xīn shang yǐnyǐn zuò tòng.
小姐。方 鸿渐听了，心上 隐隐作痛[3]。

---

1. 挫折: setback
2. 当初: at that time
3. 隐隐作痛: to feel a dull pain

Shuōle yíhuìr, tāmen jiù huí chuáncāng qù, gāng
说了一会儿，他们就回船舱去，刚

zhuǎnwān, zhǐ jiàn Sūn xiǎojiě cóng yǐzi shang zhàn qǐlái
转弯[1]，只见孙小姐从椅子上站起来

zhāohu tāmen. Tāmen dānxīn gāngcái de tánhuà Sūn xiǎojiě
招呼他们。他们担心刚才的谈话孙小姐

dōu tīngdào le.
都听到了。

Dì-èr tiān yì zǎo, chuán dàole Níngbō. Zhào Xīnméi
第二天一早，船到了宁波。赵辛楣

děng sān rén yīnwèi zuò de shì tóuděngcāng, xiān zuò xiǎochuán
等三人因为坐的是头等舱，先坐小船

shàngle àn. Lǐ, Gù èr rén tóng sānděngcāng de rén yìqǐ
上了岸。李、顾二人同三等舱的人一起

děngzhe dì-èr pī shàng àn, zhèng zài zhèshí, xiǎngqǐle
等着第二批上岸，正在这时，响起了

kōngxí jǐngbào, dànshì bìng méiyǒu fāshēng kōngxí. Lǐ, Gù
空袭[2]警报[3]，但是并没有发生空袭。李、顾

shàng àn hòu, yǔqì li biǎoshì chū hǎoxiàng tāmen dài Zhào
上岸后，语气里表示出好像他们代赵

Xīnméi děng sān rén shòule zhè kōngxí de kǒngbù. Búguò
辛楣等三人受了这空袭的恐怖[4]。不过

Zhào, Fāng zhècì bìng méiyǒu xiàng tāmen biǎoshì gǎnjī.
赵、方这次并没有向他们表示感激。

Tāmen zài lǚguǎn zhùle yí yè, jiù wǎng xīkǒu
他们在旅馆住了一夜，就往溪口[5]

chūfā. Tiān xiàqǐ yǔ lái. Lǐ xiānsheng àixī tā de
出发。天下起雨来。李先生爱惜[6]他的

xīn yǔyī, bǎ tā fàngzài xiāngzi li le, Sūn xiǎojiě biàn bǎ
新雨衣，把它放在箱子里了，孙小姐便把

1.转弯: to turn a cor-
ner

2.空袭: air raid

3.警报: alarm

4.恐怖: terror

5.溪口: Xikou
(county)

6.爱惜: to treasure

87

zìjǐ de lǜsè xiǎo yángsǎn jiègěi tā yòng, méi xiǎngdào
自己的绿色小阳伞[1]借给他用，没想到

sǎn shang de yánsè dōu diàozàile Lǐ xiānsheng de yīfu
伞上的颜色都掉在了李先生的衣服

shang. Sūn xiǎojiě hóngle liǎn, liánmáng dàoqiàn.
上。孙小姐红了脸，连忙道歉。

Tāmen láidàole yí gè cháguǎn, chīle diǎnxin,
他们来到了一个茶馆，吃了点心[2]，

jìxù qiánjìn. Zǒudào yí zuò méiyǒu lángān de cháng qiáo
继续前进。走到一座没有栏杆[3]的长桥

pángbiān, bié de rén dōu guòqù le, zhǐ shèngxià Sūn xiǎojiě hé
旁边，别的人都过去了，只剩下孙小姐和

dǎnxiǎo de Fāng Hóngjiàn. Sūn xiǎojiě dào: "Fāng xiānsheng
胆小[4]的方鸿渐。孙小姐道："方先生

pà ma? Yào bú yào wǒ zài qiánbian zǒu, nǐ gēnzhe wǒ,
怕吗？要不要我在前边走，你跟着我，

dǎnzi kěyǐ dà xiē." FāngHóngjiàn gēnzhe Sūn xiǎojiě guòle
胆子可以大些。"方鸿渐跟着孙小姐过了

qiáo, xīnli xiǎng, nǚrén yǒu shí hái zhēnnéng tǐtiē rén.
桥，心里想，女人有时还真能体贴[5]人。

Tiān yuè lái yuè hēi, xiàqǐle dàyǔ. Bùzhī zǒule
天越来越黑，下起了大雨。不知走了

duōshǎo shíhou, zhǐ juéde yǔ xià bù tíng, lù zǒu bù wán,
多少时候，只觉得雨下不停，路走不完，

xiézi yuè lái yuè zhòng, hǎo bù róngyì láidàole yí gè zhèn
鞋子越来越重，好不容易来到了一个镇

shang zhùxià.
上住下。

Yí jiào xǐnglái, tiānqì qínglǎng. Qiánmian de
一觉醒来，天气晴朗[6]。前面的

1. 阳伞：parasol
2. 点心：snacks
3. 栏杆：railing
4. 胆小：timid
5. 体贴：considerate
6. 晴朗：sunny

lùchéng yǒu gōnggòng qìchē, dàn jùshuō chēpiào hěn nán mǎi,
路程[1]有公共汽车,但据说车票很难买,

chúfēi yǒu zhèngjiàn. Tāmen wǔ rén dōu méi dài zhèngjiàn,
除非[2]有证件[3]。他们五人都没带证件,

zhǐyǒu Lǐ xiānsheng náchūle míngpiàn, míngpiàn shang xiězhe
只有李先生拿出了名片[4],名片上写着

"Guólì Sānlǔ Dàxué zhǔrèn" "xīnwénxué yánjiūsuǒ
"国立三闾大学主任""新闻学研究所

suǒzhǎng", bèimiàn hái yǒu yīngwén zì. Fāng Hóngjiàn shuō:
所长",背面还有英文字。方鸿渐说:

"Zhè dōngxi yídìng yǒu yòng." Shuōzhe jiù yào nále qù
"这东西一定有用。"说着就要拿了去

chēzhàn. Zhào Xīnméi shuō: "Nǐ zhè yàngzi qù bude!"
车站。赵辛楣说:"你这样子去不得!"

Yuánlái Fāng Hóngjiàn liǎng tiān méi guā húzi, yīfu yě ràng yǔ
原来方鸿渐两天没刮胡子[5],衣服也让雨

línshī le. Háishi Zhào Xīnméi huànle yì shēn xīfú, péi
淋[6]湿了。还是赵辛楣换了一身西服,陪

Lǐ xiānsheng yìqǐ qùle chēzhàn. Zhànzhǎng què rèncuòle
李先生一起去了车站。站长却认错了

rén, bǎ Zhào Xīnméi jiào "Lǐ xiānsheng" "Lǐ suǒzhǎng", shuō
人,把赵辛楣叫"李先生""李所长",说

míngtiān xiān gěi liǎng zhāng piào, hòutiān zài gěi sān zhāng, yòu wèn tā
明天先给两张票,后天再给三张,又问他

zài nǎge bàoguǎn zuòshì, xīwàng duō zhǐjiào. Zhào Xīnméi
在哪个报馆做事,希望多指教[7]。赵辛楣

huílái bǎ jīngguò gěi dàjiā jiǎng le, Gù Ěrqiān fènfèn de
回来把经过给大家讲了,顾尔谦愤愤地

shuō: "Zhǐ zhòng yīshān bú zhòng rén—— Dāngrán, Zhào
说:"只重[8]衣衫不重人——当然,赵

1. 路程: journey
2. 除非: unless
3. 证件: credentials; ID card
4. 名片: name card
5. 胡子: beard
6. 淋: soaked
7. 指教: to give advice
8. 重: to value

89

xiānsheng yě shì míngrén."　Zhào Xīnméi liánmángshuō:　"Méiyǒu

先生也是名人。"赵辛楣连忙说:"没有

Lǐ xiānsheng de míngpiàn,　yīfu zài xīn yě méiyǒu yòng."

李先生的名片,衣服再新也没有用。"

Dì-èr tiān zǎochen,　dàjiā xiān sòng Lǐ,　Gù shàng chē.

第二天早晨,大家先送李、顾上车。

Lǐ Méitíng jiàn　zìjǐ　de dà tiěxiāng méiyǒu shàng chē,　xīnli

李梅亭见自己的大铁箱没有上车,心里

hěn zháojí,　dàn yě méiyǒu bànfǎ.　Yòu guòle yì tiān,　Zhào,

很着急,但也没有办法。又过了一天,赵、

Fāng,　Sūn sān rén nádào piào,　hǎo bù róngyì　jǐshàngle chē.

方、孙三人拿到票,好不容易挤上了车。

Zhè chēzi hěn jiù,　hǎoxiàng niánjì dà le,　zhǐshì　yīnwèi

这车子很旧,好像年纪大了,只是因为

kàngzhàn,　cái méiyǒu tuìxiū.　Yí lù shang tā zǒu yí duàn

抗战[1],才没有退休[2]。一路上它走一段

tíng yí xià,　tíng xiàlái de shíhou,　kāichē de jiù dà shēng de

停一下,停下来的时候,开车的就大声地

mà,　mà de chē shang de　nǚrén dōu hóngle liǎn.　Zhídào tiān

骂,骂得车上的女人都红了脸。直到天

hēi,　chē cái dào Jīnhuá,　búguò　xínglì què yào guò yì tiān cái

黑,车才到金华[3],不过行李却要过一天才

dào.　Sānrén　zhùjìnle　yì jiā xiǎo lǚguǎn.

到。三人住进了一家小旅馆。

Lǚguǎn míng jiào　"Ōu-Yà Dà Lǚshè".　Fāng Hóngjiàn

旅馆名叫"欧亚大旅社[4]"。方鸿渐

děng xǐle liǎn,　chūlái chīfàn.　Tāmen jīngyì de fāxiàn,

等洗了脸,出来吃饭。他们惊异[5]地发现,

zhèli　suīrán méiyǒu Ōuzhōurén zhùguò,　què hái zhēn yǒu

这里虽然没有欧洲人住过,却还真有

1. 抗战: the War of Resistance Against Japan

2. 退休: to retire

3. 金华: Jinhua (county)

4. 欧亚大旅社: The Eurasia Grand Hotel

5. 惊异: surprised

kāfēi,　biàn　yàole　sān bēi.　Méi xiǎngdào nà　kāfēi　shàngmian
咖啡，便要了三杯。没 想到 那咖啡 上面

yǒu yì céng báimò,　　kànle　ěxin,　　yuánlái yào de fàncài
有一层白沫[1]，看了 恶心[2]，原来要的 饭菜

yě jiào rén chī bú xià qù,　zhǐ néng lìng yào.　Sān rén miǎnqiǎng
也叫人吃不下去，只能另要。三人勉强[3]

chīwánle fàn, Zhào Xīnméi shuō:　"Zánmen jīntiān xìnghǎo méi
吃完了饭，赵辛楣说："咱们今天幸好没

gēn Lǐ Méitíng, Gù Ěrqiān zài yìqǐ,　yàole　dōngxi bù chī,
跟李梅亭、顾尔谦在一起，要了东西不吃，

huì gěi tāmen màsǐ de.　Kěshì wǒ shízài chī bú xià."
会给他们骂死的。可是我实在吃不下。"

Zhèng zài shuōhuà de shíhou,　yǒu yí gè sān-sì suì de
正在说话的时候，有一个三四岁的

nǚháizi　láidào　nǚzhǔrén shēnbiān,　nǚzhǔrén biàn zài tā
女孩子来到女主人 身边，女主人便在她

tóufa　li zhuō　shīzi.　Dàjiā　kànle yě　juéde
头发 里 捉[4] 虱子[5]。大家 看了也 觉得

shēnshang yǎng qǐlái.　Tǎngxià yǐhòu,　gèng shì húnshēn yǎng,
身上 痒[6]起来。躺下以后，更是浑身[7]痒，

biàn zài chuáng shang zhuō chī xiě de xiǎo dòngwù,　yí yè méiyǒu shuì
便在床 上 捉吃血的小动物，一夜没有睡

hǎo.　Zǎochen kànjiàn Sūn xiǎojiě,　liǎn shang yǒuxiē hóng diǎn,　yě
好。早晨看见孙小姐，脸 上 有些 红 点，也

shuō yǎngle yí yè.　Sān rén zhǎodàole bǐ tāmen zǎo dào yì tiān
说痒了一夜。三人找到了比他们早到一天

de Lǐ, Gù,　bānjìnle tāmen zhù de lǚguǎn.
的李、顾，搬进了他们住的旅馆。

Xíngli guòle hǎo jǐ tiān cái lùxù láidào, Lǐ
行李过了好几天才陆续[8]来到，李

1. 白沫：white foam
2. 恶心：to feel sick
3. 勉强：to force one-self to
4. 捉：to catch
5. 虱子：lice
6. 痒：itch
7. 浑身：from head to foot
8. 陆续：one after another

91

梅亭担心他铁箱里的东西有没有损失[1]，连忙打开来检查。大家来看时，只见里面装了不少卡片[2]，都是关系中国文学系课程的；还有各色各样的药品，数量很多，一个人是用不了的。大家奇怪他为什么要带那么多。

在金华耽误了几天，赵辛楣说，钱已经花了不少，大家把剩下的全拿出来，看看共有多少。结果果然像他们在船上想的那样，李、顾二人没有把学校给的旅费全部带来。大家决定打电话给高松年，请他寄钱到吉安[3]。赵辛楣说："到吉安以前，大家都要节约，香烟也不要抽了。"李梅亭道："我昨天刚买了烟，当然可以抽。"

1. 损失：loss
2. 卡片：card
3. 吉安：Ji'an
（county）

92

Wǔ rén zuò huǒchē dàole Yīngtán, qǔchū xíngli,
五人坐火车到了鹰潭[1]，取出行李，

qìchē yǐjīng kāizǒu le, yòu zhǐdé zhùxià. Qìchēzhàn de
汽车已经开走了，又只得住下。汽车站的

rén shuō yào sān tiān yǐhòu cái yǒu piào. Dàjiā dānxīn shēn-
人说要三天以后才有票。大家担心身

shang de qián lián Jí'ān yě dào bù liǎo le, dōu méijīngdǎcǎi.
上的钱连吉安也到不了了，都没精打采[2]。

Zài lǚguǎn de fángjiān li, tāmen fāxiàn duìmiàn lóu shang yǒu
在旅馆的房间里，他们发现对面楼上有

yí gè fùrén dǎbàn de shífēn yāoyàn, zhàn zài chuāngkǒu,
一个妇人打扮得十分妖艳[3]，站在窗口，

yǎnjing kànzhe zhèbian. Zhào Xīnméi hé Fāng Hóngjiàn xià de bù
眼睛看着这边。赵辛楣和方鸿渐吓得不

gǎn dào chuāngkǒu qù, yīnwèi zhèyàng dǎbàn de fùrén yí kàn
敢到窗口去，因为这样打扮的妇人一看

jiù zhīdào shì jìnǚ. Lǐ Méitíng què gēn tā tánqǐ huà lái,
就知道是妓女[4]。李梅亭却跟她谈起话来，

bìng shuō: "Gōnggòng qìchē chēpiào nánmǎi de hěn, nǐ rènshi
并说："公共汽车车票难买得很，你认识

rén duō, yǒu méiyǒu bànfǎ?" Nà nǚrén shuō, kěyǐ zuò
人多，有没有办法？"那女人说，可以坐

jūnduì de chē, tā rènshi yí wèi yíngzhǎng, yíhuìr lái kàn
军队的车，她认识一位营长，一会儿来看

tā, dào nà shí gēn tā shāngliang. Yíhuìr, nà nǚrén
她，到那时跟他商量。一会儿，那女人

guǒrán yòu zài chuāngkǒu jiào tāmen, shuō yíngzhǎng lái le, qǐng
果然又在窗口叫他们，说营长来了，请

Lǐ xiānsheng guòqù. Lǐ Méitíng chuānhǎole xīfú, dǎ
李先生过去。李梅亭穿好了西服，打

1. 鹰潭：Yingtan
（county）

2. 没精打采：in low
spirits

3. 妖艳：pretty and
coquettish

4. 妓女：prostitute

hǎole lǐngdài, lín zǒu shí shuō: "Jìnǚ jiā li shì bù néng
好了领带[1],临走时说:"妓女家里是不能

suíbiàn qù de, huā de qián yào dàjiā fēndān." Dàjiā shuō méi
随便去的,花的钱要大家分担。"大家说没

wèntí, zhǐyào shìqing bàn hǎo le, hái yǒu chóuláo. Liù diǎn
问题,只要事情办好了,还有酬劳[2]。六点

zhōng, Lǐ Méitíng huílái le, shuō míngtiān zhōngwǔ kāi chē,
钟,李梅亭回来了,说明天中午开车,

wǎnshang jiǔ diǎn zhōng nà wèi yíngzhǎng lái kàn xíngli. Jūnchē shì
晚上九点钟那位营长来看行李。军车是

dào Guǎngdōng qù de, dàole Guǎngdōng zài zuò chē dào Húnán,
到广东去的,到了广东[3]再坐车到湖南,

zhèyàng, huā de qián yào bǐ zuò gōnggòng qìchē zhíjiē dào Húnán
这样,花的钱要比坐公共汽车直接到湖南

guì yí bèi. Fāng Hóngjiàn shuō: "Dào Guǎngdōng zài dào Húnán,
贵一倍。方鸿渐说:"到广东再到湖南,

bú shì ràoyuǎnle ma?" Lǐ Méitíng shēngqì dào: "Zhè shì wǒ
不是绕远[4]了吗?"李梅亭生气道:"这事我

méiyǒu bàn hǎo. Yàoshi Fāng xiānsheng qù, yěxǔ zhè wèi
没有办好。要是方先生去,也许这位

yíngzhǎng huì gěi pài zhuānchē." Hái shuō huā de qián yě búyào
营长会给派专车[5]。"还说花的钱也不要

dàjiā fēndān le. Biérén liánmáng quànjiě, shuāngfāng zǒngsuàn
大家分担了。别人连忙劝解[6],双方总算

méi chǎo qǐlái.
没吵[7]起来。

Jiǔ diǎn zhōng, yíngzhǎng lái kàn xíngli, Lǐ, Fāng,
九点钟,营长来看行李,李、方、

Zhào, Gù dōu xià lóu lái. Yíngzhǎng dào: "Jūnchē shì bú dài
赵、顾都下楼来。营长道:"军车是不带

1. 领带: necktie
2. 酬劳: reward
3. 广东: Guangdong (province)
4. 绕远: to go the long way round
5. 专车: special car
6. 劝解: to mediate
7. 吵: to quarrel

人的，懂不懂？因为你们是教书先生，我才给你们方便，懂不懂？我不要钱，懂不懂？可是我的弟兄要几个香烟钱，懂不懂？"他看了李梅亭的大铁箱，说："这不能带——"正在这时孙小姐走下楼来，他又道："这也是跟你们一起走的？女人不能带。要是能带，我早把对面那女人带走了。"孙小姐听后气得哭出了声。方鸿渐等那营长走了便骂："浑蛋！"赵辛楣和顾先生劝孙小姐不要介意[1]："这种人嘴里没有好话。"李梅亭向孙小姐道歉说："我事情没办好！"方鸿渐倒不好再说他什么了。

在鹰潭这几天，方鸿渐很不痛快，后悔[2]这次旅行跟李、顾二人混在一起。

1. 介意: to mind
2. 后悔: to regret

95

Zhào Xīnméi xiào tā jīng bù qǐ dǎjī.
赵辛楣笑他经不起¹打击²。

Sān tiān yǐhòu, tāmen yòu zuò qìchē chūfā. Chē shang
三天以后,他们又坐汽车出发。车上

jǐ de zhǐ néng fàngxià liǎng zhī jiǎo, qiàhǎo Sūn xiǎojiě shēn páng
挤得只能放下两只脚,恰好孙小姐身旁

fàngle yí gè mádài, Zhào Xīnméi biàn ràng Sūn xiǎojiě zuò.
放了一个麻袋³,赵辛楣便让孙小姐坐。

Nà mádài de zhǔrén què bú ràng, dào: "Zhè shì mǐ, nǐ
那麻袋的主人却不让,道:"这是米,你

zhīdào bù zhīdào? Mǐ shì yào chīdào zuǐ li qù de
知道不知道?米是要吃到嘴里去的

ya—" Sūn xiǎojiě xiū de máng dào: "Wǒ búyào zuò
呀——"孙小姐羞得忙道:"我不要坐

le!" Nà rén yòu dào: "Nǐmen nánrén zuò, kěyǐ, nǐmen
了!"那人又道:"你们男人坐,可以,你们

zhè wèi tàitai zuò, nà bù xíng! Zhè shì mǐ, chīdào zuǐ li
这位太太坐,那不行!这是米,吃到嘴里

qù de." Zhào Xīnméi děng sì rén gēn tā chǎo, tā cái náchū
去的。"赵辛楣等四人跟他吵,他才拿出

yí jiàn jiù miányī fàng zài shàngmian, gāoshēng dào: "Nǐ zuò
一件旧棉衣放在上面,高声道:"你坐

ba!" Dàjiā yòu quàn Sūn xiǎojiě, Sūn xiǎojiě zhè cái zuò xià.
吧!"大家又劝孙小姐,孙小姐这才坐下。

Chē dàole Níngdū, Lǐ xiānsheng zài lǚguǎn de guìtái
车到了宁都⁴,李先生在旅馆的柜台

shang kànjiànle zuótiān de bào, dì-yī tiáo xiāoxi shì
上看见了昨天的报,第一条消息是

Chángshā dà huǒ, xià de tā shuō bùchū huà. Dàjiā
长沙⁵大火❶,吓得他说不出话。大家

1. 经不起: to be unable to withstand

2. 打击: attacks, setbacks

3. 麻袋: sack

4. 宁都: Ningdu (county)

5. 长沙: Changsha (city)

听了这消息，急得忘了吃饭。方鸿渐从来是没有办法的人。李梅亭后悔不如留在上海，出来吃了许多苦，最后还是要回上海。赵辛楣说："要回上海也没有钱。我的意见是，到吉安领了学校的钱再作计划。"顾尔谦却聪明地说："假如学校没有寄钱来就糟了。"方鸿渐说："我们五人中先去一个人，如果吉安有钱就打电报来叫大家去；没有钱，也免得大家都去，白花车钱。"

赵辛楣赞同道："这样好，钱是寄给我的，我去；鸿渐陪我去。"

孙小姐道："我也去。"

顾尔谦对李梅亭笑道："我也想跟他们走，在这儿住下去没有意思。"

李梅亭的行李还没来,不能走,生气地说道:"你们都去了,留下我一个人!没关系,我行李里的那些药在这儿卖了,我回上海。"

顾尔谦连忙说:"梅亭先生,我在这儿陪你等行李。"

李梅亭又批评方鸿渐的主意[1]不对,吵了半天,大家还是决定一起走。回到房间里,方鸿渐埋怨[2]赵辛楣处处让[3]着李梅亭。

好不容易到了吉安,住定旅馆以后,一算只剩十来块钱了。五人上银行,银行说钱已经到了几天了。可是领钱要保人[4],他们刚到,谁也不认识,找谁当保人呢?他们想起了教育局,可是局长

1. 主意 : idea
2. 埋怨 : to complain
3. 让 : to make concessions
4. 保人 : guarantor

围城
The
Besieged
City

shuō tā cónglái méiyǒu tīngshuōguò Sānlǘ Dàxué de míngzi,
说,他从来没有听说过三闾大学的名字,

bù kěn zuò bǎorén, Gù xiānsheng hūrán yǎnjing yí liàng, dào:
不肯做保人,顾先生忽然眼睛一亮,道:

"Nǐmen kànjiàn lùshang yǒu gè fùnǚ xiéhuì méiyǒu? Qǐng
"你们看见路上有个妇女协会¹没有？请

Sūn xiǎojiě qù shìshi, yěxǔ néngxíng."
孙小姐去试试,也许能行。"

Dì-èr tiān, Sūn xiǎojiě qù dào fùnǚ xiéhuì, zài
第二天,孙小姐去到妇女协会,在

nàli, yùjiànle yí wèi chuān jūnzhuāng de nǚ tóngzhì, zài tā
那里,遇见了一位穿军装的女同志,在她

de bāngzhù xià, zhōngyú bǎ qián lǐngle chūlái. Tóngshí hái
的帮助下,终于把钱领了出来。同时还

nádàole Gāo Sōngnián de diànbào, shàngmian shuō qǐng tāmen
拿到了高松年的电报,上面说请他们

fàngxīn dào xuéxiào, Chángshā zhànshì bìng wú yǐngxiǎng. Dāng
放心²到学校,长沙战事并无影响。当

tiān wǎnshang, wèile biǎoshì qìngzhù hé gǎnxiè, tāmen qǐng nà
天晚上,为了表示庆祝和感谢,他们请那

wèi nǚ tóngzhì yìqǐ zài fànguǎn li dà chīle yí dùn. Yuánlái
位女同志一起在饭馆里大吃了一顿。原来

zhè jǐ tiān pà qián bú gòuyòng, tāmen lián fàn dōu bù gǎn duō chī.
这几天怕钱不够用,他们连饭都不敢多吃。

Líkāi Jí'ān, láidàole Jiāngxī biānjiè, yào
离开吉安,来到了江西³边界⁴,要

huànchéng Húnán de qìchē. Tāmen yílù zuòchē hěn
换乘湖南的汽车。他们一路坐车很

xīnkǔ, juédìng xiūxi yí yè zài zǒu. Fàn hòu, sì gè
辛苦,决定休息一夜再走。饭后,四个

1. 协会: association
2. 放心: not to worry
3. 江西: Jiangxi (province)
4. 边界: border

101

nánrén shuì wǔjiào. Sūn xiǎojiě zuò zài wài jiān kànshū, yě
男人睡午觉。孙小姐坐在外间看书,也

shuìzháo le. tā xǐnglái yǐhòu, tóutòng, chī bú xià
睡着了。她醒来以后,头痛、吃不下

dōngxi, dì-èr tiān jiù bìng le. Lǐ Méitíng dàile hěn duō
东西,第二天就病了。李梅亭带了很多

yào, kěshì tā xiǎng màiyào, bú yuànyì gěi tā chī. Sūn
药,可是他想卖药,不愿意给她吃。孙

xiǎojiě yuǎnlíle jiā, bàn lù shēngbìng, méi rén zhàogù,
小姐远离了家,半路 生病,没人照顾,

xīnli tòngkǔ de diàoxiàle yǎnlèi.
心里痛苦得掉下了眼泪。

Tāmen yòu zuòle sì-wǔ tiān qìchē, zuìhòu yì tiān yòu
他们又坐了四五天汽车,最后一天又

huàn zuò jiàozi¹, yīnwèi xuéxiào zài shān li, bù tōng²
换坐轿子¹,因为学校在山里,不通²

qìchē. Fāng Hóngjiàn zuò zài jiàozi li xiǎng, jīntiān dào
汽车。方鸿渐坐在轿子里想,今天到

xuéxiào le, bù zhī shì gè shénme yàngzi, fǎnzhèng zìjǐ bú
学校了,不知是个什么样子,反正自己不

bào³ tài dà de xīwàng, suīrán zhème shuō, tā háishi hěn
抱³太大的希望,虽然这么说,他还是很

xīngfèn⁴, jiù xiàle jiàozi zìjǐ zǒu. Zhào Xīnméi yě
兴奋⁴,就下了轿子自己走。赵辛楣也

xiàle jiàozi, liǎng rén zǒuzàile yìqǐ. Zhào Xīnméi shuō:
下了轿子,两人走在了一起。赵辛楣说:

"Zhècì lǚxíng tiānle bù shǎo jīngyàn, xiànzài zǒngsuàn yào
"这次旅行添了不少经验,现在 总算要

jiéshù le. Lǐ, Gù èr rén yǐhòu kěyǐ jìng'éryuǎnzhī⁵
结束了。李、顾二人以后可以敬而远之⁵

1. 轿子: sedan
2. 通: to be connected by
3. 抱: to have, to cherish
4. 兴奋: excited
5. 敬而远之: to stay at a respectful distance

le." Tā yòu dào: "Jīngguò chángqī de jiānkǔ lǚxíng ér
了。"他又道:"经过长期的艰苦旅行而

bǐcǐ bù tǎoyàn de rén, cái kěyǐ zuò péngyou."
彼此不讨厌的人,才可以做朋友。"

Fāng Hóngjiàn wèn dào: "Nǐ jīngguò zhè cì lǚxíng, duì
方鸿渐问道:"你经过这次旅行,对

wǒ de gǎnxiǎng zěnmeyàng? Tǎoyàn bù tǎoyàn?"
我的感想怎么样?讨厌不讨厌?"

Zhào Xīnméi shuō: "Nǐ bù tǎoyàn, kěshì yìdiǎnr
赵辛楣说:"你不讨厌,可是一点儿

yòngchù yě méiyǒu."
用处¹也没有。"

Fāng Hóngjiàn juéde Zhào Xīnméi shuō de hěn tǎnbái,
方鸿渐觉得赵辛楣说得很坦白,

dànshì zhè tǎnbái ràng tā bù gāoxìng, yúshì yòu shàngle
但是这坦白²让他不高兴,于是又上了

jiàozi.
轿子。

1. 用处: use
2. 坦白: frankly

Tip

❶ 长沙大火: Changsha, the capital of Hunan Province. Having occupied Wuhan, an important city in Central China in the winter of 1938, Japanese invaders invaded North Hunan. The Kuomintang government, in fear of attack, ordered to burn down Changsha. Between November 12 and 14, most of the houses were burned down and more than 20,000 people died.

Exercises

1. 在去宁波的船上,李梅亭和顾尔谦坐了三等舱,是因为
   (　　)

   A. 他们认为年纪大的人应当苦一些,把头等舱的票让给了
      赵、方、孙三人
   B. 头等舱的船票只买到三张
   C. 他们为了省钱

2. 车站的站长同意卖车票给李梅亭和赵辛楣他们,是因为
   (　　)

   A. 李梅亭的名片上写着"三闾大学主任、新闻学研究所所长"
   B. 赵辛楣穿了一身西服,站长"只重衣衫不重人"
   C. 车票有很多

3. 在鹰潭,有个营长可以让赵辛楣等人坐车走,但是因为什
   么他们没有走成
   (　　)
   A. 军车不能带女人
   B. 这辆军车要先到广东,路太远了
   C. 营长向他们要钱

4. 经过了这次艰苦的旅行,赵辛楣认为可做朋友的人是
   (　　)

   A. 李梅亭
   B. 顾尔谦
   C. 方鸿渐

围
城

Questions

1. 他们知道了长沙大火的消息后,都是怎么想的?

2. 在吉安,他们是怎么把钱从银行里取出来的?

3. 在这次旅行中孙小姐一共哭过几次? 分别是因为什么事情?

八、教授生涯（一）

Sānlǘ　　Dàxué　xiàozhǎng　Gāo Sōngnián shì　　lǐkē
三闾 大学 校长 高 松年 是 理科[1]

chūshēn.　　wénkē　chūshēn de　rén　bù　róngyì　dédào
出身 。文科[2] 出身 的 人 不 容易 得到

xiàozhǎng zhèyàng de　zhíwù,　rúguǒ　dāngle xiàozhǎng,
校长 这样 的 职务[3]，如果 当了 校长 ，

yídìng shì zhèngzhì wǔtái shang shībài le,　suǒyǐ yě bù
一定 是 政治 舞台 上 失败 了，所以 也 不

juéde guāngróng.　　Lǐkē　chūshēn de　rén dāng xiàozhǎng zé
觉得 光荣 。理科 出身 的 人 当 校长 则

shì zhèngzhì shēngyá de kāishǐ.
是 政治 生涯[4]的 开始 。

Gāo Sōngnián xiàozhǎng shì hěn jīngmíng de rén.　Jīnnián
高松年 校长 是 很 精明[5]的 人。今年

chūntiān jǐ gè lǎo péngyou wèi tā jiànxíng chīfàn de shíhou,
春天 几个 老朋友 为 他 饯行[6]吃饭 的 时候，

dàjiā　shuōqǐ xīn bàn de xuéxiào kǒngpà qǐng bú dào yǒumíng de
大家 说起 新办 的 学校 恐怕 请 不 到 有名 的

jiàoshòu.　Gāo Sōngnián xiàodào:　"Qǐng dào míng jiàoshòu hǎo shì
教授 。高松年 笑道："请 到 名 教授 好 是

hǎo,　kěshì tāmen yǒu jiàzi,　bú huì hǎohāo de wèi xuéxiào
好，可是 他们 有 架子，不会 好好地 为 学校

fúwù,　yě bú huì fúcóng lǐngdǎo.　Méiyǒu míng de ne,
服务，也 不会 服从 领导 。没有 名 的 呢，

1. 理科: science
2. 文科: liberal arts
3. 职务: post, position
4. 生涯: career
5. 精明: shrewd
6. 饯行: farewell dinner

tāmen yào yīkào xuéxiào, néng nǔlì wèi xuéxiào fúwù."
他们要依靠学校，能努力为学校服务。"

Dàjiā tīngle dōu shuō tā shuō de tài hǎo le.
大家听了都说他说得太好了。

Yīnwèi Gāo Sōngnián yǒu zhèyàng de "yuánzé", Lǐ
因为高松年有这样的"原则"，李

Méitíng, Gù Ěrqiān, hái yǒu Fāng Hóngjiàn dōu bèi pìnlái zuò
梅亭、顾尔谦，还有方鸿渐都被聘来做

jiàoshòu. Tāmen nà tiān xiàwǔ dàole xuéxiào, Gāo Sōngnián
教授。他们那天下午到了学校，高松年

lái jiàoyuán sùshè dǎle yí gè zhāohu. Zìcóng Chángshā
来教员宿舍打了一个招呼。自从长沙

wēijí[1] yǐlái, yuánlái qǐng de jiàoshòu yǒu hěn duō dǎ diànbào
危急[1]以来，原来请的教授有很多打电报

lái shuō yǒu bié de shìqing, bù néng láile, jīntiān yíxià lái-
来说有别的事情，不能来了，今天一下来

le sì gè jiàoshòu, suǒyǐ, huídào bàngōngshì yǐhòu, tā
了四个教授，所以，回到办公室以后，他

háishi hěn gāoxìng. Zhǐshì Lǐ Méitíng hé Fāng Hóngjiàn zěnme
还是很高兴。只是李梅亭和方鸿渐怎么

bàn ne? Tā yuánlái qǐng Lǐ Méitíng dāng Zhōngguó wénxuéxì
办呢？他原来请李梅亭当中国文学系

zhǔrèn, kěshì bù lǐ de Wāng fùbùzhǎng jièshào Wāng
主任，可是部里的汪副部长介绍汪

Chǔhòu lái dāng zhǔrèn. Wāng Chǔhòu shì Wāng fùbùzhǎng de
处厚[2]来当主任。汪处厚是汪副部长的

bófù[3], zīgé[4] bǐ Lǐ Méitíng lǎo; tā hái pà Lǐ Méitíng
伯父[3]，资格[4]比李梅亭老；他还怕李梅亭

zhèxiē Shànghǎirén yīn Chángshā zhànshì lái bù liǎo, jiù qǐngle
这些上海人因长沙战事来不了，就请了

1. 危急: in imminent danger

2. 汪处厚: Wang Chu-hou, name

3. 伯父: elder uncle

4. 资格: qualification

wāng Chǔhòu. Xiànzài Lǐ Méitíng zhēn lái le, tā bù zhīdào
汪处厚。现在李梅亭真来了,他不知道

zhè wèi lǎo péngyou néng bù néng tǐliàng tā. Xìng Fāng de
这位老朋友能不能体谅[1]他。姓方的

qīngniánrén ne, nà bù nán. Zhào Xīnméi jièshào shuō tā shì
青年人呢,那不难。赵辛楣介绍说他是

liúxué Déguó de bóshì, kěshì Fāng Hóngjiàn zìjǐ xiělái
留学德国的博士,可是方鸿渐自己写来

de lǚlì shang, bìng méiyǒu shuō zìjǐ yǒu xuéwèi, yě bú shì
的履历上,并没有说自己有学位,也不是

xué zhèngzhì de, suǒyǐ bù néng qǐng tā dāng jiàoshòu, zhìduō zuò
学政治的,所以不能请他当教授,至多做

fùjiàoshòu. Zhèxiē huà kěyǐ ràng Zhào Xīnméi gàosu tā.
副教授。这些话可以让赵辛楣告诉他。

Wèile bìkāi zhànhuǒ, Sānlú Dàxué jiàn zài Píngchéng
为了避开战火[2],三闾大学建在平成

xiāngxià, yīnwèi jiànle Dàxué, fùjìn de zhèn shang yě
乡下,因为建了大学,附近的镇上也

fánróng qǐlái. Fāng Hóngjiàn tāmen sì gè nánrén dào xiào de
繁荣起来。方鸿渐他们四个男人到校的

dāngtiān yìqǐ dào zhèn shang lǐle fà, xǐle zǎo, huí xiào
当天一起到镇上理了发,洗了澡,回校

de shíhou, kànjiàn bùgàobǎn shang yǒu gè bùgào, shuō
的时候,看见布告板[3]上有个布告[4],说

jīntiān wǎnshang qī shí bàn, Zhōngguó wénxué tóngxuéhuì jǔxíng
今天晚上七时半,中国文学同学会举行

cháhuì, huānyíng Lǐ Méitíng xiānsheng. Lǐ Méitíng gāoxìng
茶会[5],欢迎李梅亭先生。李梅亭高兴

de zhí shuō: "Tǎoyàn, tǎoyàn! Wǒ lèi de hěn, jīntiān
得直说:"讨厌,讨厌!我累得很,今天

1. 体谅: to show understanding

2. 战火: war

3. 布告板: notice board

4. 布告: notice

5. 茶会: tea party

hái xiǎng zǎo yìdiǎnr shuìjiào ne!"
还 想 早 一 点 儿 睡 觉 呢 !"

Fāng Hóngjiàn shuō: "Nǐmen dōu zhīdào zìjǐ shì shénme
方 鸿 渐 说:"你 们 都 知 道 自 己 是 什 么

xì, wǒ hái bù zhīdào zìjǐ shì nǎge xì de jiàoshòu ne,
系,我 还 不 知 道 自 己 是 哪 个 系 的 教 授 呢,

Gāoxiàozhǎng gěi wǒ de diànbào bìng méiyǒu shuō míngbai."
高 校 长 给 我 的 电 报 并 没 有 说 明 白 。"

Zhào Xīnméi shuō: "Nǐ kěyǐ jiāo zhéxué, yě kěyǐ
赵 辛 楣 说:"你 可 以 教 哲 学,也 可 以

jiāo guówén—"
教 国 文 ——"

Lǐ Méitíng shénqì[1] de shuō: "Jiāo guówén yào dédào
李 梅 亭 神 气[1] 地 说:"教 国 文 要 得 到

wǒ de tóngyì, Fāng xiānsheng hǎohāo de bājie[2] wǒ yíxià,
我 的 同 意,方 先 生 好 好 地 巴 结[2] 我 一 下,

shénme dōu kěyǐ shāngliang."
什 么 都 可 以 商 量 。"

Yíhuìr, Sūn xiǎojiě lái le. Tā yòu xiàozhe shuō:
一 会 儿,孙 小 姐 来 了。他 又 笑 着 说:

"Sūn xiǎojiě búyào qù wàiguó yǔwénxì bàngōngshì le,
"孙 小 姐 不 要 去 外 国 语 文 系 办 公 室 了,

dāng wǒ de zhùjiào ba!"
当 我 的 助 教 吧!"

Wǎnshang jìn jiǔ diǎn zhōng, Fāng Hóngjiàn zài Zhào Xīnméi
晚 上 近 九 点 钟,方 鸿 渐 在 赵 辛 楣

de fángjiān li shuōhuà, Lǐ Méitíng qiāo mén jìnlái le, liǎng
的 房 间 里 说 话,李 梅 亭 敲 门 进 来 了,两

rén jiàn tā liǎnsè[3] bù hǎo, biàn shuō: "Zěnme huānyínghuì
人 见 他 脸 色[3] 不 好,便 说:"怎 么 欢 迎 会

1. 神气: complacent, arrogant

2. 巴结: to curry favour with

3. 脸色: expression

109

zhème zǎo jiù jiéshù le?" Tā yí jù huà yě bù shuō, liǎng
这么早就结束了?"他一句话也不说,两

rén yòu wèn zěnme la, tā pāi zhuōzi dà mà Gāo Sōngnián,
人又问怎么啦,他拍桌子大骂高松年,

yuánlái jīntiān de huānyínghuì shì Wāng Chǔhòu ānpái de, Gāo
原来今天的欢迎会是汪处厚安排¹的,高

Sōngnián méiyǒu chūxí. Tā yí jìn huìchǎng, jiù tīngdào
松年没有出席²。他一进会场,就听到

tóngshì hé xuésheng shēngshēng de jiào "Wāng zhǔrèn",
同事和学生声声地叫"汪主任",

xīnli jiù chǎnshēngle yíwèn. Wāng Chǔhòu jiànle tā dào:
心里就产生了疑问³。汪处厚见了他道:

"Zǎoyǐ tīngdào xiānsheng de dàmíng, wǒmen tiāntiān zài děng
"早已听到先生的大名⁴,我们天天在等

nǐ lái. Gāo xiàozhǎng dǎ diànbào yào wǒ lái zuò Zhōngguó
你来。高校长打电报要我来做中国

wénxuéxì de zhǔrèn, wǒ de niánjì dà le, bù xiǎng lái,
文学系的主任,我的年纪大了,不想来,

tā yòu qǐng wǒ de zhízi—" Zhèshí zǎo lái de jǐ wèi
他又请我的侄子⁵——"这时早来的几位

xiānsheng tóngshēng shuō: "Wāng zhǔrèn shì Wāng fùbùzhǎng
先生同声说:"汪主任是汪副部长

de bófù." "—Lái quàn wǒ, wǒ jiù zhǐhǎo láile.
的伯父。""—— 来劝我,我就只好来了。

Jīntiān Lǐ xiānsheng láile, wǒ zhēn gāoxìng, wǒ xiǎng zhège
今天李先生来了,我真高兴,我想这个

xì yídìng bàn de hǎo—" Lǐ Méitíng tīngle xīnli hěn
系一定办得好——"李梅亭听了心里很

bù gāoxìng, rěnzhù qì miǎnqiǎng yìngfùle jǐ jù, hēle
不高兴,忍住气勉强应付了几句,喝了

1. 安排: to arrange

2. 出席: to attend

3. 疑问: doubts

4. 大名: your (respect-ful) name

5. 侄子: nephew

bēi chá, shuō tóutòng, jiù huílái le.
杯茶，说头痛，就回来了。

Zhào, Fāng liǎng rén ānwèile tā yíhuìr, quàn tā
赵、方两人安慰了他一会儿，劝他

huí fángjiān shuìjiào, míngtiān zài gēn Gāo Sōngnián shuō. Lǐ
回房间睡觉，明天再跟高松年说。李

Méitíng lín zǒu dào: "Bù zhīdào Lǎo Gāo duì nǐmen liǎ yòu huì
梅亭临走道："不知道老高对你们俩又会

zěnme yàng. Zánmen yìqǐ xíngdòng, pà tā shénme!" Lǐ
怎么样。咱们一起行动，怕他什么！"李

Méitíng zǒu hòu, Fāng Hóngjiàn shuō: "Zhēn bù chéng huà!" Tā
梅亭走后，方鸿渐说："真不成话¹！"他

yòu dānxīn qǐ zìjǐ de shì lái.
又担心起自己的事来。

Dì-èr tiān shàngwǔ, Zhào Xīnméi duì Fāng Hóngjiàn shuō,
第二天上午，赵辛楣对方鸿渐说，

tā yào qù jiàn Gāo Sōngnián, tán Fāng Hóngjiàn de shì, jiào tā
他要去见高松年，谈方鸿渐的事，叫他

děngzhe, tīngle huíhuà zài qù jiàn Gāo Sōngnián. Fāng
等着，听了回话²再去见高松年。方

Hóngjiàn děngle yí gè duō zhōngtóu, Zhào Xīnméi hái méiyǒu
鸿渐等了一个多钟头，赵辛楣还没有

huílái, tā jiù zìjǐ qù jiàn Gāo Sōngnián le.
回来，他就自己去见高松年了。

Gāo Sōngnián jiànle Fāng Hóngjiàn, máng wèn: "Jiàn guò
高松年见了方鸿渐，忙问："见过

Zhào Xīnméi méiyǒu?" Fāng shuō méiyǒu. Gāo Sōngnián yòu
赵辛楣没有？"方说没有。高松年又

wèn: "Fāng xiānsheng, shōudào wǒ de xìn méiyǒu?" Fāng
问："方先生，收到我的信没有？"方

1. 不成话: unreasonable
2. 回话: reply

111

yòu shuō méiyǒu. Gāo Sōngniándào: "Wǒ hái pà Fāng xiānsheng
又说没有。高松年道:"我还怕方先生

shōudào nà fēng xìn hòu bú huì zài láile ne. Xiànzài nǐ lái
收到那封信后不会再来了呢。现在你来

le, wǒ zhēn gāoxìng. Wǒ yuánlái xiǎng qǐng xiānsheng lái dāng
了,我真高兴。我原来想请先生来当

zhèngzhìxì de jiàoshòu, yīnwèi Zhào Xīnméi jièshào shuō nǐ shì
政治系的教授,因为赵辛楣介绍说你是

liúxué Déguó de bóshì, kěshì xiānsheng zìjǐ xiělái de
留学德国的博士,可是先生自己写来的

lǚlì shang bìng méiyǒu xuéwèi, érqiě bú shì xué zhèngzhì
履历上并没有学位,而且不是学政治

de, Zhào Xīnméi quán gǎocuò le. Dāngrán wǒ guānxīn de shì
的,赵辛楣全搞错了。当然我关心的是

xuéwen, bú shì xuéwèi. Búguò, bù lǐ yǒu guīdìng, ànzhào
学问,不是学位。不过,部里有规定,按照

xiānsheng de qíngkuàng, zhǐ néng dāng jiǎngshī. Wǒ xiāngxìn
先生的情况,只能当讲师[1]。我相信

Xīnméi de jièshào bú huì cuò, suǒyǐ háishi pògé qǐng nǐ
辛楣的介绍不会错,所以还是破格[2]请你

zuò fùjiàoshòu, yuèxīn èrbǎi bāshí yuán, xià xuénián zài shēng
做副教授,月薪二百八十元,下学年再升

jiàoshòu. Wǒ xiěxìn gěi nǐ jiùshì shuō de zhè jiàn shì." Tā
教授。我写信给你就是说的这件事。"他

yòu dào: "Kèchéng yě hěn chéng wèntí, zhǐyǒu yī niánjí
又道:"课程也很成问题,只有一年级

xuésheng de lúnlǐxué, jiānglái zài xiǎng bànfǎ ba."
学生的伦理学[3],将来再想办法吧。"

Fāng Hóngjiàn huídào zìjǐ fáng li, yòu xiū yòu hèn. Zhào
方鸿渐回到自己房里,又羞又恨。赵

1. 讲师: lecturer

2. 破格: to break a rule

3. 伦理学: ethics

辛楣来了,他知道方鸿渐已经见过高松年,忙说:"都是我不好。我的印象你是博士,当初只希望这件事能快一些 成功 ——"

"你是为了苏小姐。""—— 不 提 这事了。"赵又说:"李梅亭去校长 办公室大吵¹,高松年请我劝他,最后他要学校按他提出的价格买他的药。我心里想着你的事,所以先赶回来看你。"高松年 晚上 请新来的老师吃饭,表示 欢迎。方鸿渐不 想 去,经不起²赵辛楣苦劝,高松年又亲自来请,总算有了面子,最后还是去了。

三闾大学的图书馆里只有不到一千本书,又破又旧,方鸿渐居然在这里找到了一本《理学纲要³》,非常高兴,因为他什么参考书⁴也没有,只能靠这本

1. 吵: to wrangle
2. 经不起: to be unable to bear
3. 纲要: outline
4. 参考书: reference book

113

shū lái jiào xuésheng.　　Xīngqīrì,　tā zhèngzài biānxiě jiǎnggǎo,
书来教学生。星期日,他正在编写¹讲稿,

Sūn xiǎojiě láile,　tā xiàozhe duì Fāng Hóngjiàn shuō dào:　"Jīntiān
孙小姐来了,她笑着对方鸿渐说道:"今天

lái xièxie Fāng xiānsheng hé Zhào xiānsheng, yīnwèi zuótiān xiàwǔ
来谢谢方先生和赵先生,因为昨天下午

xuéxiào bǎ wǒ de lǚfèi bǔ sònglái le."
学校把我的旅费补²送来了。"

"Zhèshì Zhào xiānsheng wèi nǐ zhēnglái de,　gēn wǒ
"这是赵先生为你争来的,跟我

méiyǒu guānxi."
没有关系。"

"Bù,　wǒ zhīdào,"　Sūn xiǎojiě wēnróu de shuō dào,
"不,我知道,"孙小姐温柔³地说道,

"Shì nǐ tíxǐng Zhào xiānsheng de.　Nǐ zài chuán
"是你提醒⁴赵先生的。你在船

shang—"　Sūn xiǎojiě de liǎn hóng qǐlái le.
上 ——"孙小姐的脸红起来了。

Fāng Hóngjiàn xiǎngqǐ chuán shang de tánhuà,　guǒrán zhè
方鸿渐想起船上的谈话,果然这

nǚháizi quán tīngjiàn le,　zìjǐ yě juéde bù hǎo
女孩子全听见了,自己也觉得不好

yìsi.
意思。

Sūn xiǎojiě yòu gàosu Fāng Hóngjiàn,　wàiwénxì zhǔrèn
孙小姐又告诉方鸿渐,外文系主任

Liú Dōngfāng yào tā jiāo yí gè zǔ de yīngwén,　érqiě shì
刘东方⁵要她教一个组的英文,而且是

rùxué kǎoshì yīngwén chéngjì zuì chà de yì zǔ.　Tā dānxīn
入学考试英文成绩最差的一组。她担心

1. 编写: to compile
2. 补: compensate
3. 温柔: tenderly
4. 提醒: to remind
5. 刘东方: Liu Dong-fang, name

围城
The
Besieged
City

jiāo bù hǎo, shuō: "Wèishénme bú ràng wàiguórén lái jiāo?"
教不好，说："为什么不让外国人来教？"

Fāng Hóngjiàn bù zhīdào zhèr hái yǒu wàiguórén. Sūn xiǎojiě
方鸿渐不知道这儿还有外国人。孙小姐

gàosu tā dào: "Jiùshì lìshǐxì zhǔrèn Hán Xuéyù de
告诉他道："就是历史系主任韩学愈[1]的

tàitai. Yǒu rén shuō tā shì Bái'érén, yǒu rén shuō tā shì
太太。有人说她是白俄人，有人说她是

Yóutàirén, tā zhàngfu shuō tā shì Měiguórén. Hán xiānsheng
犹太人，她丈夫说她是美国人。韩先生

yào tā zài wàiwénxì dāng jiàoshòu, Liú xiānshengshuō tā yīngwén
要她在外文系当教授，刘先生说她英文

dōu bú huì jiǎng, bù dāying. Hán xiānshengshēngle qì, mà Liú
都不会讲，不答应。韩先生生了气，骂刘

xiānshengsuàn shénme dōngxi, hái yào cízhí."
先生算什么东西，还要辞职[2]。"

"Nǐ zhè xǔduō xiāoxi shì shénme dìfang tīnglái de?"
"你这许多消息是什么地方听来的？"

Sūn xiǎojiě xiào dào: "Shì wǒ de tóngwū Fàn xiǎojiě
孙小姐笑道："是我的同屋范小姐

gàosu wǒ de. Zhège xuéxiào xiàng gè dàjiātíng, shénme
告诉我的。这个学校像个大家庭，什么

mìmì dōu bǎo bú zhù. Zuótiān Liú xiānsheng de mèimei lái
秘密[3]都保[4]不住。昨天刘先生的妹妹来

le, tīngshuō shì lìshǐxì bìyè de. Dàjiā dōu shuō, Liú
了，听说是历史系毕业的。大家都说，刘

xiānsheng gēn Hán xiānsheng kěyǐ héhǎo le, ná yí gè
先生跟韩先生可以和好[5]了，拿一个

lìshǐxì de zhùjiào huàn yí gè wàiwénxì de jiàoshòu."
历史系的助教换一个外文系的教授。"

1. 韩学愈: Han Xueyu, name

2. 辞职: to resign

3. 秘密: secret

4. 保: to keep (a secret)

5. 和好: to become reconciled

Exercises

1. 李梅亭参加了中国文学系的欢迎会　　　　　（　）
   A. 他很讨厌,因这他不能早一点睡觉
   B. 他很不高兴,因为汪处厚当了系主任
   C. 他很高兴,因为大家都欢迎他

2. 关于请方鸿渐当教授,后来又改为副教授的事,高松年　　　　　（　）
   A. 写信告诉了方鸿渐,但他没有收到
   B. 写信告诉了方鸿渐,他也收到了
   C. 根本没有写信告诉方鸿渐

Questions

1. 高松年校长认为请什么样的教授好?
2. 李梅亭和方鸿渐在三间大学经历了什么变动? 为什么?
3. 外文系主任刘东方和历史系主任韩学愈发生了什么矛盾?

九、教授生涯（二）

Shàngkè yí gè duō xīngqī, Fāng Hóngjiàn gēn zhù zài
上课一个多星期，方鸿渐跟住在

yìqǐ de jǐ gè tóngshì jiànjiàn de shú le. Lìshǐxì de
一起的几个同事渐渐地熟[1]了。历史系的

Lù Zǐxiāo lái bàifǎngguò tā, suǒyǐ yì tiān xiàwǔ, Fāng
陆子潇[2]来拜访过他，所以一天下午，方

Hóngjiàn qù huífǎng tā.
鸿渐去回访[3]他。

Lù Zǐxiāo duì tā hěn guānxīn de shuō: "Wǒ zhīdàole
陆子潇对他很关心地说："我知道了

nǐ de shì, hěn wèi nǐ bùpíng."
你的事，很为你不平[4]。"

Fāng Hóngjiàn méi xiǎngdào zìjǐ de shì rénjiā zǎo zhīdào
方鸿渐没想到自己的事人家早知道

le, liǎn hóng dào: "Wǒ dào méi shénme. Búguò—"
了，脸红道："我倒没什么。不过——"

"Búguò nǐ de dàiyù zài fùjiàoshòu li shì zuì gāo
"不过你的待遇[5]在副教授里是最高

de le."
的了。"

Fāng Hóngjiàn bù zhīdào fùjiàoshòu li hái fēn děng.
方鸿渐不知道副教授里还分等。

Lù Zǐxiāo dào: "Nǐmen tóng lái de wǒmen xì de Gù Ěrqiān
陆子潇道："你们同来的我们系的顾尔谦

1. 熟: to be familiar
2. 陆子潇: Lu Zixiao, name
3. 回访: to pay a return visit
4. 不平: indignant
5. 待遇: treatment

119

就比你低两级。在系主任里，我们

系主任韩先生比赵先生高一级，赵

先生又比外文系的刘东方高一级。方

先生初回国做事，所以弄不清楚。"

"为什么你们系主任薪水特别高呢？"

"因为他是博士。他毕业的那个大学

据说很有名，叫什么克莱登大学。你

知道吗？"

方鸿渐听了吓得直跳起来，好像自己

的秘密给人家知道了一样。他说："我

知道！我也是——"他没有把话说完。

陆子潇看他不愿意说下去，便起了

怀疑，想问个明白。方鸿渐却是一句话

也不再多说，回到自己的房间。他在

德国买克莱登大学的博士文凭是为了

yìngfù fùqin hé zhàngren. Zìcóng Táng xiǎojiě zhìwèn[1] tā

应付父亲和丈人。自从唐小姐质问[1]他

zhè shì yǐhòu, tā jiù bù xīwàng zài tíqǐ tā. Dànshì,

这事以后，他就不希望再提起它。但是，

yīnwèi tā bú yuànyì jìxù sāhuǎng, Gāo Sōngnián biàn méiyǒu

因为他不愿意继续撒谎，高松年便没有

gěi tā jiàoshòu de zhíwèi[2], Hán Xuéyù què dédàole

给他教授的职位[2]，韩学愈却得到了

chénggōng. Sāhuǎng yě yīnggāi xiàng Hán Xuéyù nàyàng cái

成功。撒谎也应该像韩学愈那样才

xíng, yào yǒu yǒngqì jiānchí dàodǐ. Zìjǐ shénme dōu bù

行，要有勇气坚持到底。自己什么都不

xíng, lián sāhuǎng dōu sā bù hǎo.

行，连撒谎都撒不好。

Zhè yì tiān, Hán Xuéyù lái bàifǎng tā. Tā fāxiàn zhè

这一天，韩学愈来拜访他。他发现这

wèi Hán xiānsheng shì gè chénmò-guǎyán[3] de rén. Ànzhào

位韩先生是个沉默寡言[3]的人。按照

xiàndàirén de kànfǎ, nánzǐ bú shànyú shuōhuà, jiù biǎoshì

现代人的看法，男子不善于说话，就表示

yǒu dàodé[4], zuì chéngshí[5], jiù xiàng chǒu nǚrén yídìng bǐ

有道德[4]，最诚实[5]，就像丑女人一定比

piàoliang nǚrén yǒu sīxiǎng yíyàng. Hán Xuéyù shì lái qǐng tā

漂亮女人有思想一样。韩学愈是来请他

chīfàn de, shuōhuà zhōng tánqǐle Měiguó. Hán Xuéyù wèn

吃饭的，说话中谈起了美国。韩学愈问

Fāng Hóngjiàn qùguò Měiguó méiyǒu.

方鸿渐去过美国没有。

"Méiyǒu qùguò. Kěshì céngjīng xiǎngqù, gēn yí gè

"没有去过。可是曾经想去，跟一个

1. 质问：to question
2. 职位：post, position
3. 沉默寡言：taciturn
4. 道德：morality
5. 诚实：honest

121

rén tōngguò xìn."　Fāng Hóngjiàn xiǎng nòng míngbai Hán Xuéyù gēn

人通过信。"方鸿渐想弄明白韩学愈跟

Kèláidēng Dàxué de guānxi,　jiù shuōchūle　nàge mài jiǎ

克莱登大学的关系，就说出了那个卖假

wénpíng de rén de míngzi.

文凭的人的名字。

"Zhège rén shì gè piànzi,　shì bèi Kèláidēng Dàxué

"这个人是个骗子¹，是被克莱登大学

kāichúle　de xiǎo zhíyuán.　Kèláidēng shì gè hǎo

开除²了的小职员³。克莱登是个好

xuéxiào.　Tā yòng xuéxiào de míngyì mài wénpíng."

学校。他用学校的名义⁴卖文凭。"

"Zhēn yǒu Kèláidēng zhè xuéxiào ma?"

"真有克莱登这学校吗?"

"Hěn rènzhēn yángé de xuéxiào,　suīrán zhīdào de rén

"很认真严格的学校，虽然知道的人

hěn shǎo—　Pǔtōng xuésheng bù róngyì jìnqù."

很少——普通学生不容易进去。"

"Tīng Lù xiānsheng shuō,　nǐ jiùshì zhège xuéxiào bìyè

"听陆先生说，你就是这个学校毕业

de."

的。"

"Shìde."

"是的。"

Yīnwèi dì-yī cì jiànmiàn,　Fāng Hóngjiàn bù hǎoyìsi

因为第一次见面，方鸿渐不好意思

wèn xiàqù,　tā xiǎng rúguǒ yǒu jīhuì kànkàn tā de

问下去，他想如果有机会看看他的

wénpíng,　jiù zhīdào tā de Kèláidēng shì bú shì zìjǐ de

文凭，就知道他的克莱登是不是自己的

1. 骗子: liar, cheater
2. 开除: to expel
3. 职员: staff member
4. 名义: in the name of

122

Kèláidēng le. Huí jiā de lùshang, Hán Xuéyù xiǎng, Lù
克莱登了。回家的路上，韩学愈想，陆

Zǐxiāo de huà shì zhēn de, xìngkuī Fāng Hóngjiàn méi qùguò
子潇的话是真的，幸亏方鸿渐没去过

Měiguó; zhǐshì bù zhīdào tā shì bú shì zhēn de méi mǎi wénpíng.
美国；只是不知道他是不是真的没买文凭。

Zài Hán jiā chīfàn de shíhou, Fāng Hóngjiàn juéde Hán tàitai de
在韩家吃饭的时候，方鸿渐觉得韩太太的

kǒuyīn bú gòu dìdao, yàoshi Zhào Xīnméi láile jiù tīng de
口音不够地道¹，要是赵辛楣来了就听得

chūlái le. Rú guǒ Hán tàitai bú shì Měiguórén, nàme Hán
出来了。如果韩太太不是美国人，那么韩

xiānsheng de bóshì jiù yǒu wèntí. Tā bǎ zhège yìsi
先生的博士就有问题。他把这个意思

gàosule Zhào Xīnméi, Zhào Xīnméi quàn tā shěng diǎn shì ba.
告诉了赵辛楣，赵辛楣劝他省点事吧。

Guòle jǐ tiān Lù Zǐxiāo lái xiántán, wèn Fāng Hóngjiàn
过了几天陆子潇来闲谈²，问方鸿渐

zhīdào Sūn xiǎojiě de shì méiyǒu. Fāng Hóngjiàn wèn tā shénme
知道孙小姐的事没有。方鸿渐问他什么

shì, tā bù shuō. Fāng Hóngjiàn liáojiě tā de píqi, yě
事，他不说。方鸿渐了解他的脾气³，也

bú wèn xiàqù, guòle yíhuìr, Lù Zǐxiāo zìjǐ bǎ zhè
不问下去，过了一会儿，陆子潇自己把这

shì jiǎng chūlái: Xuésheng zhīdào Sūn xiǎojiě jiāo tāmen yīngwén
事讲出来：学生知道孙小姐教他们英文

yǐhòu, dōu biǎoshì fǎnduì, shuō wèi shénme bié de zǔ shì
以后，都表示反对，说为什么别的组是

fùjiàoshòu jiāo yīngwén, dīng zǔ què shì zhùjiào lái jiāo.
副教授教英文，丁组却是助教来教。

1. 地道: pure, genuine
2. 闲谈: free talk; chat
3. 脾气: disposition

123

Jīntiān Sūn xiǎojiě jìn jiàoshì de shíhou, jiàn hēibǎn shang xiězhe:
今天孙小姐进教室的时候,见黑板上写着:

Sūn
Beat down Miss S! Miss S is Japanese enemy! 孙

xiǎojiě qì de pǎochūle jiàoshì. Zhèng shuōzhe, Sūn xiǎojiě lái
小姐气得跑出了教室。 正 说着,孙小姐来

le. Lù Zǐxiāo máng qǐshēn líqù. Fāng Hóngjiàn wèn qǐ Sūn
了。陆子潇 忙 起身 离去。方 鸿渐 问 起孙

xiǎojiě jìnlái hǎo bù hǎo, Sūn xiǎojiě hūrán kūle qǐlái. Fāng
小姐近来好不好,孙小姐忽然哭了起来。方

Hóngjiàn jímáng qù jiào Zhào Xīnméi, Zhào Xīnméi lái hòu wèn míng
鸿渐急忙去叫赵辛楣,赵辛楣来后问明

qíngkuàng, shuō: "Jīntiān wǎnshang wǒ jiù qù gēn xiàozhǎng shuō."
情况 , 说:"今天 晚上 我就去跟校长 说 。"

Fāng Hóngjiàn shuō: "Zhè yì bān de kè Sūn xiǎojiě jué bù néng zài
方 鸿渐说:"这一班的课孙小姐决不能再

qù jiāo le, qǐng xiàozhǎng zhǎo rén dàikè."
去教了,请校长 找人代课¹"。

Zhào Xīnméi yào qǐng Sūn xiǎojiě chī wǎnfàn, xiàozhǎng què
赵辛楣要请孙小姐吃晚饭,校长 却

pài rén lái jiào tā péikè. Sūn xiǎojiě yě shuō yào huí
派人来叫他陪客²。孙 小姐也说要回

sùshè, Fāng Hóngjiàn kàn Sūn xiǎojiě kū de yǎn dōu zhǒng le,
宿舍,方 鸿渐看孙小姐哭得眼都肿³了,

ràng tā xǐle liǎn zài chūqù.
让她洗了脸再出去。

Fāng Hóngjiàn sòng Sūn xiǎojiě chūmén, tīngjiàn bèihòu yǒu
方 鸿渐送孙小姐出门,听见背后有

rén jiào tā, huítóu yí kàn shì Lǐ Méitíng. Lǐ Méitíng gàosu
人叫他,回头一看是李梅亭。李梅亭告诉

1. 代课: to take over a class for an absent teacher

2. 陪客: to accompany a guest

3. 肿: swollen

他，高校长 请他 代理[1] 训导长[2]；又 对 孙

小姐 笑着 说："孙 小姐 越 来 越 漂亮 了！

怎么 不 来 看 我，只 去 看 小 方？ 你们 俩

什么 时候 订婚 ——"然后 笑着 跑 了。

跟 孙 小姐 捣乱[3] 的 学生 受了 处分[4]。

孙 小姐 的 课 没 人 代，刘 东方 为了 不 让 韩

太太 来 代，他 亲自 代课，代了 一 个 星期 课，

又 觉得 很 累，于是 他 想 请 赵 辛楣 代。 赵

辛楣 又 推荐[5] 方 鸿渐，高 松年 说 这 是 一

个 好 办法，方 鸿渐 也 大着 胆子，小心 地 教

起 英文 来。 韩 学愈 知道 这 事 以后，对 高

松年 说，他 太太 不 想 在 这儿 教 英文，

而且 表示 他 对 刘 东方 没有 怨恨[6]，愿意 请

他 妹妹 刘 小姐 当 历史系 的 助教。 高 松年

听了 很 高兴，说："大家 应该 团结 共事[7]，

1. 代理: act on behalf on sb. in a responsible position

2. 训导长: chief supervisor

3. 捣乱: to make trouble

4. 处分: punishment

5. 推荐: recommend

6. 怨恨: hate

7. 共事: to work together

xià xuéqī yídìng qǐng Hán tàitai bāngmáng."
下学期一定请韩太太 帮忙 。"

Fāng Hóngjiàn fāxiàn tā suǒ jiāo dīng zǔ de yīngwén kè
方鸿渐发现他所教丁组的英文课

shang, yǒu sān gè jiǎ zǔ xuésheng lái pángtīng, hái chángcháng
上 ,有三个甲组学生来旁听[1],还 常常

tíwèn, tā hěn déyì, gàosule Zhào Xīnméi.
提问,他很得意,告诉了赵辛楣。

Yuándàn yǐhòu de yí gè wǎnshang, Zhào Xīnméi gēn Fāng
元旦以后的一个 晚上 ,赵辛楣跟方

Hóngjiàn shāngliang shǔjià chūqù lǚxíng, tándào shēnyè yì diǎn
鸿渐 商量 寒假出去旅行,谈到深夜一点

duō. Fāng Hóngjiàn shuìjiào qián qù cèsuǒ, hái méi jìnmén, jiù
多。 方鸿渐睡觉前去厕所,还没进门,就

tīngjiàn lǐmian yǒu rén jiǎnghuà. Yí gè dào: "Nǐ shì nào
听见里面有人讲话。一个 道:"你是闹

dùzi le?" Lìng yí gè rén shēnyín shuō: "Jīntiān wǎnshang
肚子了?"另一个人呻吟[2] 说: "今天 晚上

zài Hán xiānsheng jiā chīhuài le." Tīng shēngyīn, Fāng Hóngjiàn
在韩 先生 家吃坏了。"听声音,方鸿渐

zhīdào shì pángtīng zìjǐ yīngyǔkè de xuésheng. Dì-yī gè
知道是旁听自己英语课的学生。第一个

rén dào: "Hán Xuéyù wèi shénme lǎo qǐng nǐmen chīfàn? Shì
人道:"韩学愈为什么老请你们吃饭? 是

bú shì wèile Fāng Hóngjiàn?" Nàge nào dùzi de "xū"
不是为了方 鸿渐?"那个闹肚子的"嘘[3]"

le yì shēng. Fāng Hóngjiàn xià de xīn zhí tiào, huídào
了一声。 方鸿渐吓得心直跳,回到

fángjiān, xiǎngle hěn jiǔ, bù zhī Hán Xuéyù yào gàn shénme,
房间,想了很久,不知韩学愈要干什么,

1. 旁听: to audit
2. 呻吟: to groan
3. 嘘: hush

126

决定明天当面质问他。早晨还没醒，

校役[1]送来了孙小姐的一封信。信上说，

外面有人说他在上英文课的时候，在

学生面前批评刘东方讲课的错误，刘

东方自己也已经知道，请他小心。方

鸿渐觉得很奇怪：怎么会有这样的事情

呢？他忽然想起那三个旁听的学生都是

历史系里上刘东方甲组英文课的，他们

提的问题不怀好意[2]。这些都是韩学愈在

背后捣的鬼。他想了半天，怎么先跟刘

东方说清楚。

方鸿渐到外文系办公室，孙小姐在

看书。他见了刘东方，就说："有一位

同事在外面说——这件事也是人家

告诉我的——刘先生很不满意我教的

1. 校役: school worker
2. 不怀好意: to harbour evil designs

127

英文，在甲组上课的时候，常常 当

学生的面批评我讲课的 错误 ——"

"什么？"刘东方跳了起来，"谁说的？"

孙小姐听了惊讶得忘了应该假装[1]看书。

"——我本来英文不好，这次教英文也

是因为刘先生的命令。我讲错了的地方

希望刘先生当面跟我提出来。不过，听说

这位同事跟刘先生有点意见[2]，所以他的话

我也不大相信。他还说，我班上三个

旁听的学生也是刘先生派来的。"

"啊？什么三个学生 ——孙小姐，你

去图书馆替我借本书来。"刘东方把

书名告诉了她。

孙小姐出去了，刘东方听方鸿渐

说出了这三个学生的名字，说道："鸿渐

1. 假装：to pretend
2. 有意见：to have a complaint

128

围城
The
Besieged
City

兄,这三个学生是历史系的,我怎么能派得了?那个跟你说这事的人是不是历史系的负责人?你想想就明白了。"

方鸿渐成功了,他假装才明白过来,说:"韩学愈,他——"就把韩学愈买文凭的事都告诉了刘东方。

刘东方又惊又喜,听完后说:"我妹妹在历史系办公室,常听见历史系学生说你在课堂上骂我。"

方鸿渐说从来没有,刘东方道:"你想我会相信吗?韩学愈这样做的目的是要赶走你,叫他太太来上课,他想他已经请了我妹妹,赶走你以后,我能好意思不请他太太吗?喂,我给你看件东西,昨天校长办公室发下来的。"

他拿出了几张纸，是一个学生写给学校负责人的信，说方鸿渐教不了他们，要求换老师；还把他批改[1]作业时忽略[2]的地方写在上面，证明他英文不好。方鸿渐看后红了脸。刘东方说："不用理他。丁组学生的水平写不了这东西，一定是那三个旁听生[3]的主意，也许还是韩学愈干的。校长要我调查，我一定替你说清楚。"方鸿渐十分感谢，出了门，碰见孙小姐回来。孙小姐夸他跟刘东方谈话先声夺人[4]。他听了很欢喜，但又想她也许看见了学生的信，半天心里不痛快。

刘东方果然有办法，方鸿渐上课时，那三个旁听生再也不来了。考试完毕那一天，汪处厚碰见方鸿渐，问他

1. 批改：to correct
2. 忽略：to neglect
3. 旁听生：auditor
4. 先声夺人：to fore-stall one's opponent by a show of one's strength

hé Zhào Xīnméi shǔjià shí nǎtiān yǒu kòng, yào qǐng tāmen
和 赵 辛楣 寒假 时 哪天 有 空,要 请 他们

chīfàn, hái shuō tā de tàitai yào gěi tāmen zuòméi. Fāng
吃饭,还说他的太太要给他们做媒。方

Hóngjiàn gàosu tā shǔjià yào chūqù lǚxíng.
鸿渐告诉他寒假要出去旅行。

Exercises

1. 韩学愈请方鸿渐吃饭,是因为　　　　　　　　　(　　)
   A. 他们是同事
   B. 他们都是克莱登大学毕业的
   C. 韩学愈要向方鸿渐说明他是克莱登大学毕业的

2. 韩学愈和克莱登大学的关系　　　　　　　　　　(　　)
   A. 克莱登是一个很认真严格的学校,韩学愈是这个学校的
      博士
   B. 美国有克莱登大学,但韩学愈没有在这里学习过
   C. 美国没有克莱登大学,韩学愈的文凭是假的

3. 三个在甲组学习英文的学生来听方鸿渐的英文课,还常常
   提问,是因为　　　　　　　　　　　　　　　(　　)
   A. 方鸿渐的英文课上得好
   B. 韩学愈在背后捣鬼
   C. 这三个学生学习很认真

4. 方鸿渐对刘东方说,有人告诉他,刘东方常在课上批评方
   鸿渐讲课的错误,事实是　　　　　　　　　　(　　)

A. 刘东方没有在课上批评方鸿渐,也没有人对方鸿渐这样说过

B. 刘东方没有在课上批评方鸿渐,有人这样告诉方鸿渐,方鸿渐不应该相信

C. 确实有这样的事

Questions

1. 韩太太的英文说得好不好？韩学愈为了让他的太太到外文系当教授用了哪些办法？
2. 在孙小姐的英文课上发生了什么事情？结果怎么样？
3. 方鸿渐代课都遇到了什么事情？他是怎样处理的？

十、做媒的故事

Wāng Chǔhòu sìshí duō suì, dì-yī wèi tàitai sǐ le,
汪处厚四十多岁，第一位太太死了，

yòu qǔle yí wèi èrshíwǔ suì de xīn tàitai. Xīn Wāng
又娶了一位二十五岁的新太太。新汪

tàitai céng zài dàxué dúguò yì nián, xiànzài zài jiā
太太 曾 在 大 学 读 过 一 年，现 在 在 家

yǎngbìng, shēntǐ hǎoxiē de shíhou, xuéxue Zhōngguóhuà,
养病[1]，身体好些的时候，学学中国画[2]，

tántan gāngqín. Tā bú yuàn dào xuéxiào zuòshì, yīnwèi tā
弹弹钢琴[3]。她不愿到学校做事，因为她

zhīdào, tā zhìduō zuò gè xiǎo zhíyuán. Jiàoyùxì jiǎngshī
知道，她至多做个小职员。教育系讲师

Fàn xiǎojiě cháng gēn tā láiwǎng, Liú Dōngfāng de mèimei yě bù-
范小姐常跟她来往，刘东方的妹妹也不

shí lái tántan. Liú Dōngfāng yǒu yí cì tuō tā tì mèimei
时[4]来谈谈。刘东方有一次托[5]她替妹妹

zuòméi, Wāng tàitai jiù xiàng yǒule zhíyè, hěn yuànyì, tā
做媒，汪太太就像有了职业，很愿意，她

xiǎng bǎ Fàn xiǎojiě jièshào gěi Zhào Xīnméi, bǎ Liú xiǎojiě
想把范小姐介绍给赵辛楣，把刘小姐

jièshào gěi Fāng Hóngjiàn, Fàn xiǎojiě bǐ Liú xiǎojiě lǎo, dàn tā
介绍给方鸿渐，范小姐比刘小姐老，但她

shì jiǎngshī, yīnggāi jià gěi dìwèi jiào gāo de xìzhǔrèn.
是讲师，应该嫁给地位[6]较高的系主任。

1. 养病: to convalesce
2. 中国画: Chinese Painting
3. 钢琴: piano
4. 不时: now and then
5. 托: to ask
6. 地位: status

135

Liú xiǎojiě shì zhùjiào, jià gè fùjiàoshòu jiù kěyǐ le.
刘 小姐 是 助教，嫁 个 副教授 就 可以 了。

Zhìyú Sūn xiǎojiě, Wāng tàitai duì tā yìnxiàng bú tài hǎo.
至于 孙 小姐，汪 太太 对 她 印象 不太 好。

Fāng Hóngjiàn tāmen lǚxíng huílái hòu liǎng tiān, jiù
方 鸿渐 他们 旅行 回来 后 两 天，就

shōudào Wāng Chǔhòu de qǐngtiē. Wāng Chǔhòu jiàzi dà, tā
收到 汪 处厚 的 请帖。 汪 处厚 架子 大，他

qǐng chīfàn zhǐ qǐng Gāo Sōngnián zhèyàng dìwèi gāo de rén hé běn
请 吃饭 只 请 高 松年 这样 地位 高 的 人 和 本

xì de rén, tāmen bù zhīdào zhè cì wèi shénme qǐng tāmen,
系 的 人，他们 不 知道 这 次 为 什么 请 他们，

hòulái xiǎngqǐ zuòméi de huà, dàn zhèr bìng méiyǒu shénme
后来 想起 做媒 的 话，但 这儿 并 没有 什么

nǚrén, ér tāmen yě bù xūyào rén zuòméi. Shāngliangle yì
女人，而 他们 也 不 需要 人 做媒。 商量了 一

huí, tāmen juédìng xiān qù bàifǎng Wāng xiānsheng fūfù.
回，他们 决定 先 去 拜访 汪 先生 夫妇。

Wāng xiānsheng jiànle tāmen, háishi shuō yào zuòméi.
汪 先生 见了 他们，还是 说 要 做媒。

Zhào Xīnméi shuō: "Zhè niántóur shéi yǒu qián jiéhūn?
赵 辛楣 说："这 年 头儿，谁 有 钱 结婚？

Zhàogù zìjǐ dōu zhàogù bú guòlái."
照顾 自己 都 照顾 不过来。"

Wāng tàitai dào: "Wǒ jiàn de duō le, xiànzài de
汪 太太 道："我 见 得 多 了，现在 的

niánqīng rén dōu bù kěn jiéhūn, nìngyuàn jiāo nǚ péngyou húnào.
年轻 人 都 不 肯 结婚，宁愿[1] 交 女 朋友 胡闹。

Yào jiǎng méi qián jiéhūn, qǔ gè tàitai bǐ jiāo nǚ péngyou huā
要 讲 没钱 结婚，娶 个 太太 比 交 女 朋友 花

1. 宁愿: would rather

136

qián shǎo de duō."

钱 少 得 多 。"

Wāng Chǔhòu shēngmíng dào: "Wǒ qǔ nǐ kě bú shì

汪 处厚 声 明 ¹ 道:"我 娶 你 可 不 是

wèile shěngqián. Wǒ niánqīng de shíhou, cóng bù húnào."

为了 省钱 。我 年轻 的 时候,从 不 胡闹 。"

Wāng tàitai hēngle yì shēng: "Nǐ niánqīng de shíhou?

汪 太太 哼了一 声:"你 年轻 的 时候?

Wǒ jiù bù xiāngxìn nǐ niánqīngguò."

我 就 不 相信 你 年轻 过 。"

Wāng Chǔhòu liǎnsè yì hóng, Fāng Hóngjiàn máng shuō,

汪 处厚 脸色 一 红 ,方 鸿渐 忙 说 ,

xièxie tāmen fūfù de hǎoyì, búguò yuànyì zhīdào

谢谢 他们 夫妇 的 好意,不过 愿意 知道

jièshào de shì shénme rén. Wāng xiānsheng hé Wāng tàitai

介绍 的 是 什么 人 。汪 先生 和 汪 太太

shuō, míngtiān láile jiù zhīdào le, bú gàosu tāmen.

说 ,明天 来了 就 知道 了,不 告诉 他们 。

Huíjiā lùshang, Zhào Xīnméi hūrán shuō dào: "Nǐ

回家 路上 ,赵 辛楣 忽然 说 道:"你

zhùyì dào ma— Wāng tàitai yǒu yìdiǎnr xiàng Sū

注意到 吗 —— 汪 太太 有 一点儿 像 苏

Wénwán." Méi shuōwán, jiù dà bù shàngle lóu huí fángjiān

文纨 。"没 说 完 ,就 大 步 上了 楼 回 房间

qù le. Fāng Hóngjiàn jīngyì de mùsòngzhe tā.

去了 。方 鸿渐 惊异 地 目送 ² 着 他 。

Dì-èr tiān, Zhào Xīnméi hé Fāng Hóngjiàn dàole Wāng

第二 天 ,赵 辛楣 和 方 鸿渐 到了 汪

jiā, jiànle Fàn xiǎojiě hé Liú xiǎojiě, cái zhīdào Wāng tàitai

家 ,见了 范 小姐 和 刘 小姐 ,才 知道 汪 太太

1. 声明: to claim

2. 目送: to watch sb. go

137

介绍的就是这两位，失望得要笑。范小姐却热情地跟赵辛楣谈个没完。赵辛楣说这儿闷得很，没有玩儿的地方。范小姐说："可不是嘛，我也觉得很少谈得来的人，这儿真闷！"她又说她喜欢看话剧，但在这儿只能看剧本。她还问赵辛楣喜欢不喜欢，赵辛楣说："喜欢，可惜没看过多少。"她问他曹禺❶怎么样，赵辛楣随口答道"最伟大的戏剧家[1]"，范小姐快乐地说："你的意见跟我完全相同。"其实，赵辛楣并不知道曹禺有些什么作品，范小姐却热情地说，如果要看剧本，她可以借给他。刘小姐说话不多，方鸿渐今天只是来吃饭的，话也不多。

吃饭以前，汪处厚到里面去了一趟，

1. 戏剧家: playwright

138

出来说"检查过了"。方鸿渐问他查

什么,他笑着解释道:"我用了两个用人,

做出来的菜常常很少。有一次,高

校长和王先生来我家吃晚饭——高

校长喜欢来我家吃晚饭——还带来

了三十只麻雀[1]做了吃。吃完了,王

先生说才吃了二十五只,我到里面一看,

果然碗里还有四只——不是五只。年老

的用人说,留着准备给我第二天吃。"

方鸿渐说:"她倒是一片好心。"

汪处厚大笑。汪太太说:"什么

好心?最近有一次,鸡汤[2]像白开水[3]。我

找年轻的用人问,才明白,那老用人有个

儿子,每次我们请客,他就来偷偷[4]地吃。我

问她以前为什么不告诉我,她说那老用人

1. 麻雀: sparrow

2. 鸡汤: chicken soup

3. 白开水: boiled water

4. 偷偷: secretly

139

要她做儿媳妇儿，你们 想 可笑不可笑？

所以每次请客,我们总是检查一遍。"

刘 小姐:"我们 家 的 女 用人也常

捣鬼。"说着大家坐下吃饭。

吃饭的时候,汪 先生 说:"今天忘了

把跟范小姐住在一起的孙小姐请来。"范

小姐说:"孙小姐现在有男朋友了。"大家

问她是谁,她不说。赵辛楣说:"也许我

知道,不用你说。"一提起孙小姐,方鸿渐

就很紧张,特别怕赵辛楣说出自己的名字

来,不料范小姐说:"你也知道了？陆子潇

跟她好是这次寒假里的事,天天通信。你们

那时候出去旅行了,怎么会知道?"

说到这里,校长 高松年 敲门 进来

了,看见有客人在吃饭,便大声笑着说:

Hā, Wāng tàitai, qǐng kè wèi shénme bù qǐng wǒ? Wāng
"哈，汪太太，请客为什么不请我？汪

xiānsheng, wǒ shì wénzhe xiāngwèi cái lái de."
先生，我是闻着香味才来的。"

Dàjiā dōu zhàn qǐlái, Wāng tàitai qǐng tā rùxí.
大家都站起来，汪太太请他入席[1]。

Tánhuà zhōng, Wāng tàitai yòu shuō: "Wèi shénme zài zhège
谈话中，汪太太又说："为什么在这个

dìfang bàn xuéxiào? Rén dōu mènsǐ le."
地方办学校？人都闷死了。"

Fāng Hóngjiàn shuō: "Méiyǒu wánr de dìfang, suǒyǐ
方鸿渐说："没有玩儿的地方，所以

wǒ gēn Xīnméi mǎile yí fù xiàngqí."
我跟辛楣买了一副象棋[2]。"

Gāo xiàozhǎng dào: "Xià xiàngqí hěn hǎo. Búyào dǎ-
高校长道："下象棋很好。不要打

pái, gěi xuésheng zhīdàole bú tài hǎo, Lǐ xùndǎozhǎng
牌，给学生知道了不太好，李训导长

jìnzhǐ xuésheng dǎpái."
禁止[3]学生打牌。"

Wāng tàitai bù gāoxìng de dǎduàn Gāo xiàozhǎng de huà
汪太太不高兴地打断高校长的话

dào: "Wǒ běnlái yīnwèi pà nào, suǒyǐ bù dǎpái, xiànzài
道："我本来因为怕闹，所以不打牌，现在

piān yào dǎ, kàn Lǐ Méitíng zěnmeyàng."
偏要打，看李梅亭怎么样。"

Gāo xiàozhǎng zhè cái shuō: "Wǒ jīntiān lái jiùshì wèi
高校长这才说："我今天来就是为

zhè shì, bù zhīdào nǐmen qǐngkè. Xùndǎozhǎng Lǐ Méitíng
这事，不知道你们请客。训导长李梅亭

1. 入席: to take a seat

2. 象棋: （Chinese)
chess

3. 禁止: to prohibit

141

gàosu wǒ, yǒu jǐ gè xiānsheng cháng dǎpái dǔqián, pái shì
告诉我，有几个先生 常 打牌赌钱，牌是

nǐ jiā de, dǎpái de rén li yě yǒu Wāng xiānsheng." Wāng
你家的，打牌的人里也有汪 先生。"汪

xiānsheng de liǎn kāishǐ fāhóng, kèrénmen dōu kànzhe zìjǐ
先生 的脸开始发红，客人们都看着自己

de wǎnkuài bù shuōhuà.
的 碗筷 不 说 话 。

Guòle yíhuìr, Wāng xiānsheng dào: "Lǐ Méitíng
过了一会儿，汪 先生 道："李梅亭

méiyǒu dāngshàng Zhōngguó wénxuéxì de zhǔrèn, suǒyǐ chùchù
没有 当上 中国文学系的主任，所以处处

gēn wǒ wéinán. Qíshí, tā de shì wǒ yě zhīdào, bǐ rú
跟我为难[1]。其实，他的事我也知道，比如

zài zhèn shang gēn jìnǚ húgǎo."
在镇上跟妓女胡搞[2]。"

Gāo Sōngnián shuō: "Bú huì ba?" Fāng Hóngjiàn jiàn
高松年 说："不会吧？"方鸿渐见

xiàozhǎng zhàn zài Lǐ Méitíng yìbiān, biàn shuō: "Wǒ xiǎng Wāng
校长 站在李梅亭一边，便说："我想汪

xiānsheng suǒ jiǎng de huà hěn kěnéng, Lǐ xiānsheng gēn wǒmen
先生 所讲的话很可能，李先生跟我们

tónglù lái xuéxiào, yí lù shang nàole hěn duō xiàohuà, bú xìn
同路来学校，一路上闹了很多笑话，不信

zhǐyào wèn Xīnméi." Gāo xiàozhǎng liǎn shang xiànchūle bù gāoxìng
只要问辛楣。"高校长脸上现出了不高兴

de yàngzi shuō: "Zhè zhǒng nánnǚ jiān de shì, zuìhǎo bié
的样子说："这种男女间的事，最好别

guǎn!" Tā yòu pà zìjǐ de huà dézuì Wāng Chǔhòu, bǔchōng
管！"他又怕自己的话得罪[3]汪 处厚，补充

1. 为难: to make things difficult for sb.

2. 搞: to have sex

3. 得罪: to offend

The Besieged City

说:"鸿渐兄,你不要误会。汪先生也不要生气,回头我有办法劝李梅亭。"

吃完饭,客人们告辞[1]回家。走到半路,范小姐忽然说她的手提包[2]忘在汪太太家了,要回去取,并道:"你们先走吧,赵先生陪我。"赵辛楣正不知道怎么办好,方鸿渐摸着脑袋问赵辛楣:"我今天戴帽子来没有?"赵辛楣想了想,一下子明白过来,忙说:"好像你戴了来的——是的,你戴了,我——我没戴!"方鸿渐说范小姐找手提包使我想起了自己的帽子,他回去取帽子,把手提包一起取来,让他们等一等。可是他回来的时候,手里只有手提包没帽子,还说上了赵辛楣的当[3],范小姐冷冷地向他道了谢,再也没有说话。把范、刘

1. 告辞: to take leave
2. 手提包: handbag
3. 上当: to be fooled

143

两位小姐送回家以后，赵辛楣问方鸿渐

对汪太太印象如何，要他帮自己推测[1]她

年龄有多少。

　　孙小姐和陆子潇通信使方鸿渐不

痛快，心里很乱。不料孙小姐下午就来

了，她是陪范小姐给赵先生送书来的。

　　谈话中，她问方鸿渐："方先生，你

昨天得罪范小姐没有？"

　　"没有呀！为什么？"

　　孙小姐不愿意传闲话[2]，但最后还是

告诉他了："她说你话也不说，只知道吃。

还说你头上戴没戴帽子都不知道。"

　　方鸿渐哈哈大笑道："我是该骂，这事

我以后告诉你。——她昨天也说你了。"

　　"她不会有好话，她说什么？"

1. 推测: to guess

2. 传闲话: to pass on gossip

144

Fāng Hóngjiàn yóuyù le, Sūn xiǎojiě shuō: "Wǒ yídìng
方鸿渐犹豫了,孙小姐说:"我一定

yào zhīdào. Fāng xiānsheng, nǐ gàosu wǒ." Tā shuō zhè
要知道。方先生,你告诉我。"她说这

huà shíhou de yàngzi shífēn tiánmì.
话时候的样子十分甜蜜[1]。

Fāng Hóngjiàn jiù shuō: "Hǎoxiàng shuō yǒu rén gēn nǐ
方鸿渐就说:"好像说有人跟你

tōngxìn."
通信。"

Sūn xiǎojiě tīngle dà nù, shuō: "Hùnzhàng! Wǒ zhèng
孙小姐听了大怒,说:"混账[2]!我正

hèn de yàosǐ ne, tā hái tì rénjia zài wàimian húshuō!"
恨得要死呢,她还替人家在外面胡说!"

Jiēzhe tā yànwù de gàosu Fāng Hóngjiàn, qùnián
接着她厌恶[3]地告诉方鸿渐,去年

kǎoshì qián, Lù Zǐxiāo gěi tā xiě xìn, tā méiyǒu huídá tā;
考试前,陆子潇给她写信,她没有回答他;

shǔjià li lái qǐng tā chīfàn, tā yòu méiyǒu qù. Yǐhòu,
寒假里来请她吃饭,她又没有去。以后,

tā yì fēng xìn yì fēng xìn de lái, hái yào tā huídá yí gè
他一封信一封信地来,还要她回答一个

wèntí— Shuōdào zhèlǐ, Sūn xiǎojiě liǎn hóng le—
问题——说到这里,孙小姐脸红了——

"Zhè shì zhēn tǎoyàn, wǒ xiǎng bù chū bànfǎ lái."
"这事真讨厌,我想不出办法来。"

Fāng Hóngjiàn shuō: "Sūn xiǎojiě, wǒ tì nǐ xiǎng gè
方鸿渐说:"孙小姐,我替你想个

bànfǎ, nǐ bǎ tā xiěgěi nǐ de xìn bāohǎo le, jiào yòngren
办法,你把他写给你的信包好了,叫用人

1. 甜蜜: sweet

2. 混账: son of a bitch

3. 厌恶: disgustful

145

sònghái gěi tā, yí gè zì dōu búyào xiě." Tā bǎ Táng
送还给他，一个字都不要写。"他把唐

xiǎojiě tuìhuí zìjǐ xìn de bànfǎ gàosule Sūn xiǎojiě.
小姐退回自己信的办法告诉了孙小姐。

Sūn xiǎojiě gǎnjī dào: "Wǒ zhēn yào xièxie nǐ, wǒ
孙小姐感激道："我真要谢谢你，我

shénme shì dōu bù dǒng, yě méiyǒu yí gè rén kěyǐ shāngliang,
什么事都不懂，也没有一个人可以商量，

zuò rén tài nán le, Fāng xiānsheng, nǐ kěn jiāojiao wǒ ma?"
做人太难了，方先生，你肯教教我吗？"

Lín zǒu shí, Sūn xiǎojiě bú yào Fāng Hóngjiàn sòng:
临走时，孙小姐不要方鸿渐送：

"Wàimian— Xiánhuà hěn duō." Shuōhuà de shíhou, tā
"外面——闲话很多。"说话的时候，她

de yǎnjing kànzhe dì shang.
的眼睛看着地上。

Sūn xiǎojiě zǒu hòu, Fāng Hóngjiàn zhèng náqǐ yì zhī
孙小姐走后，方鸿渐正拿起一支

yān, Zhào Xīnméi méi qiāomén jiù jìnle wū, qiǎng guòqù,
烟，赵辛楣没敲门就进了屋，抢过去，

diǎnshàng xīle jǐ kǒu, rǎng dào: "Sūn Róujiā wèi shénme
点上吸了几口，嚷道："孙柔嘉为什么

dài Fàn Yì[1] lái?" Fāng Hóngjiàn dào: "Bú shì péi tā gěi nǐ
带范懿[1]来？"方鸿渐道："不是陪她给你

sòng shū lái de ma?" Jiēzhe yòu wèn tā Fàn xiǎojiě nálái
送书来的吗？"接着又问他范小姐拿来

shénme shū, Zhào Xīnméi ràng gōngyǒu bǎ shū nálái yào tā
什么书，赵辛楣让工友[2]把书拿来要他

zìjǐ kàn. Fāng Hóngjiàn kàndào shū shang xiězhe:
自己看。方鸿渐看到书上写着：To my

1. 范懿：Fan Yi, name

2. 工友：manual worker

146

precious darling, from the author. 说道："为什么把写了这话的书给你看？"赵辛楣道："你真不懂她的意思？"又说这都是汪太太生出来的事，明天要去找她。方鸿渐劝他别去，并且希望他以后也少去她那儿。

方鸿渐自己觉得这学期上课顺利多了，可是跟同事的关系却比以前坏。韩学愈夫妇见了他点头都很勉强，陆子潇也不跟他接近，刘东方也好像冷淡了许多，只有汪处厚对他的事十分关心，说下学期哲学系成立后，要请他上课，还要升他为教授。方鸿渐知道这是因为老汪明年要当文学院院长，所以特别表示对人关心。不过，他倒真的更加努力了。

春假第四天晚上九点,高松年从镇上回来,看看时间还早,就来到了汪处厚家。汪家的女用人说汪先生去王先生家打牌了,汪太太好像也出去了,他一口气赶到王家,看汪太太没在,也没有批评他们打牌,就把汪先生叫了出来。汪先生听说太太不在家,很是着急,连忙和高松年一起赶回家。

方鸿渐劝赵辛楣少去汪家,赵辛楣知道他说得对,但是他喜欢汪太太,她漂亮,自己跟她谈得来。这天晚饭后,他来到汪家,汪太太出来开了门。他说出来散步[1],经过这里,就来看汪太太——和汪先生,汪太太笑道:"处厚打牌去了,要十一点才回家。我倒也想散散步,

1. 散步: to take a walk

148

咱们一起走吧。"她叫女用人起来关门，说

她也到王家去。散步中，汪太太问赵

辛楣为什么不结婚，有过女朋友没有。他

把跟苏文纨的事讲了讲。两人谈得

高兴，不知不觉中又走回汪家门口。汪

太太笑道："谢谢你陪我散步，尤其要谢谢

你告诉我许多有趣的事——我也累了，不

去王家了，不过我想告诉你一句话。"赵

辛楣让她说，她不肯，要敲门去。赵辛楣

用手拦住她，求她说。"你记着一定不要

对一个女人说另一个女人好。"赵辛楣忙

说："汪太太，你别误会！我没有什么别的

意思。老实告诉你吧，我倒觉得你有很多

地方像她——"汪太太半推开他的手道：

"胡说！谁都不会像我——"忽然附近

chuánláile rénshēng, liǎng rén liánmáng fēnkāi.
传来了人声，两人连忙分开。

Wāng, Gāo liǎng rén jiāngdào Wāng jiā, Gāo Sōngnián zài
汪、高 两 人 将 到 汪 家，高 松 年 在

yèsè li kànjiàn liǎng gè rén niǔ zài yìqǐ, Wāng Chǔhòu
夜色¹里看见两个人扭²在一起，汪处厚

yě tīngdào tàitai hé nánrén shuōhuà de shēngyīn. Zhào
也听到太太和男人说话的声音。赵

Xīnméi zhèng yào zhuǎnshēn, jiānbǎng gěi rén lāzhù, huítóu yí
辛楣正要转身，肩膀³给人拉住，回头一

kàn shì Gāo Sōngnián. Wāng Chǔhòu yě niǔzhù tàitai bú fàng,
看是高松年。汪处厚也扭住太太不放，

mà dào: "Hǎo! Hǎo! Zhào Xīnméi, nǐ zhè hùnzhàng dōngxi!
骂道："好！好！赵辛楣，你这混账东西！

Qīnyǎn kànjiàn nǐ—" Wāng tàitai míngbai zhàngfu méi shuōwán
亲眼看见你——"汪太太明白丈夫没说完

de huà, shuō: "Yǒuhuà dào lǐmian qù jiǎng, hǎo bù hǎo?"
的话，说："有话到里面去讲，好不好？"

Dàjiā gēn tā jìnle mén. Wāng Chǔhòu wèn: "Nǐ
大家跟她进了门。汪处厚问："你

gēn tā yǒu shénme guānxi?"
跟他有什么关系？"

"Wǒ gēn tā de guānxi, wǒ yě wàng le. Xīnméi,
"我跟他的关系，我也忘了。辛楣，

zánmen liǎ shénme guānxi?"
咱们俩什么关系？"

Zhào Xīnméi kěnqiú dào: "Wāng tàitai, nǐ bié húshuō.
赵辛楣恳求⁴道："汪太太，你别胡说。

Wāng xiānsheng, nǐ búyào wùhuì, wǒ gēn nǐ tàitai méiyǒu
汪 先生，你不要误会，我跟你太太没有

1. 夜色: moonlight
2. 扭: to touch
3. 肩膀: shoulder
4. 恳求: to implore

围 城
The
Besieged
City

shénme, jīntiān de shì shì wǒ bùhǎo, nǐ tīng wǒ shuō—"
什么，今天的事是我不好，你听我 说 ——"

Wāng tàitai hāhā dàxiào dào: "Nǐ de dǎnzi tài xiǎo
汪 太太哈哈大笑 道 ："你的胆子太小

le! Zhèyàng hàipà! Gāo xiàozhǎng, nǐ yòu lái gàn shénme
了！这样害怕！高 校长，你又来干什么

ne? Chīcù¹ yě méiyǒu nǐ de fènr² ya! Zánmen
呢？吃醋¹也没有你的份儿²呀！咱们

jīntiān shuō qīngchu, ń? Gāo xiānsheng, hǎo bù hǎo?"
今天说清楚，嗯？高 先生，好不好？"

Wāng Chǔhòu kànzhe Gāo Sōngnián. Zhào Xīnméi duì Gāo
汪处厚看着高 松年。赵辛楣对高

Sōngnián "hēng" le yì shēng, zhuǎnshēn zǒu le.
松年" 哼 "了一声，转身 走了。

Fāng Hóngjiàn hái méi shuì. Zhào Xīnméi jìnlái, bù děng
方 鸿渐还没睡。赵辛楣进来，不等

Fāng Hóngjiàn kāikǒu, jiù shuō: "Hóngjiàn, wǒ mǎshàng yào
方 鸿渐开口，就 说 ："鸿渐，我马上要

líkāi zhè xuéxiào!" Tā bǎ gāngcái de shì gàosule Fāng
离开这学校！"他把刚才的事告诉了方

Hóngjiàn, Fāng Hóngjiàn zhǐshì wèn tā: "Jīntiān wǎnshang jiù zǒu
鸿渐，方 鸿渐只是问他："今天 晚上 就走

ma? Dào shénme dìfang qù?" Zhào Xīnméi shuō: "Dào
吗？到什么地方去？"赵辛楣 说 ："到

Chóngqìng qù. Jīntiān wǎnshang zhù zài zhèn shang de lǚguǎn
重庆去。今天 晚上 住在镇上的旅馆

li, míngtiān yìzǎo dòngshēn." Jiēzhe tā bǎ dàilái de jǐ
里，明天一早 动身 。"接着他把带来的几

shí běn shū hé duōyú de xíngli gěile Fāng Hóngjiàn. Yòu
十本书和多余³的行李给了方 鸿渐。又

1. 吃醋: to be jealous
2. 分儿: share
3. 多余: unnecessary

shuō: "Xià bàn nián zài Chóngqìng huānyíng nǐ.　Hái yǒu,　nǐ
说:"下半年在 重庆 欢迎你。还有,你

shǔjià huíjiā,　dàizhe Sūn xiǎojiě jiāogěi tā fùqin."
暑假回家,带着孙小姐交给她父亲。"

Dì-èr tiān yìzǎo,　xiàozhǎng pài rén lái qǐng Fāng Hóngjiàn
第二天一早, 校长 派人来请方鸿渐

dào tā de fángjiān qù, wèn tā Zhào Xīnméi shénme shíhou zǒu
到他的房间去,问他赵辛楣什么时候走

de, zhīdào bù zhīdào tā wèi shénme yào zǒu.　Fāng Hóngjiàn
的,知道不知道他为什么要走。方鸿渐

dōu zuòle huídá,　guānyú zǒu de yuányīn,　tā shuō zhīdào
都作了回答,关于走的原因,他说知道

yìdiǎnr.　Gāo xiàozhǎng jiào tā　búyào shuō chūqù.　Fāng
一点儿。高 校长 叫他不要说出去。方

Hóngjiàn líkāi de shíhou,　xūle　yì kǒu qì,　Gāo xiàozhǎng
鸿渐离开的时候,嘘了一口气,高 校长

tīngle　shífēn bùmǎn.
听了十分不满。

Fāng Hóngjiàn qù zhǎo Sūn xiǎojiě,　zǒudào bànlù jiù
方 鸿渐去找孙小姐,走到半路就

pèngjiàn tā,　shuō shì lái wèn Zhào shūshu de shì.　Fāng Hóngjiàn
碰见她,说是来问赵叔叔的事。方鸿渐

wèn tā zěnme zhīdào de,　tā shuō Fàn xiǎojiě shuō de,　Fàn
问她怎么知道的,她说范小姐说的,范

xiǎojiě hái mà Zhào shūshu.　Fāng Hóngjiàn bǎ guānyú
小姐还骂赵叔叔。方 鸿渐把关于 Pre-

de gùshi gàosule　tā, Sūn xiǎojiě tīnghòu
cious darling 的 故事告诉了她,孙小姐听后

shuō: "Zhè kǒngpà shì tā　zìjǐ　xiě de, tā yǒu yí cì wèn
说:"这恐怕是她自己写的,她有一次问

我，'作者'在英文里是 author 还是 writer？"

方鸿渐骂范小姐不要脸。

走了一段路，孙小姐又说："赵叔叔走了，只剩我们两个人了。"方鸿渐说："他临走时让我跟你一起回家。"孙小姐低头小声说："谢谢方先生，只是人家更要说闲话了。"接着她告诉方鸿渐说："不知道哪个混蛋，我怀疑是陆子潇——写信给我爸爸，造你跟我的谣言[1]。爸爸来信问——"

这时，方鸿渐听到背后有人叫"方先生"，转身一看是李梅亭和陆子潇。孙小姐害怕得伸手拉住方鸿渐的右臂[2]，好像求他保护似的，李梅亭见了说："你们什么时候请我们喝喜酒[3]呀？"

---

1. 谣言: rumour
2. 臂: arm
3. 喜酒: wedding wine

Fāng Hóngjiàndào: "Dào shíhou bú huì wàngle nǐ."
方鸿渐道："到时候不会忘了你。"

Sūn xiǎojiě shuō: "Nàme zánmen gàosu Lǐ xiān-
孙小姐说："那么咱们告诉李先

sheng—" Lǐ Méitíng hé Lù Zǐxiāo yìqǐ dà shēng
生——"李梅亭和陆子潇一起大声

jiào: "Gàosu shénme? Dìnghūn le? Shì bú shì?"
叫："告诉什么？订婚了？是不是？"

Fāng Hóngjiàn dāying qǐngkè, liǎng rén cái kěn zǒu.
方鸿渐答应请客，两人才肯走。

Chūnjià yǐhòu, Fāng Hóngjiàn hé Sūn xiǎojiě qǐng tóngshìmen
春假以后，方鸿渐和孙小姐请同事们

hēle dìnghūn jiǔ. Nà tiān méiyǒu qù hējiǔ de zhǐyǒu Wāng
喝了订婚酒。那天没有去喝酒的只有汪

xiānsheng fūfù hé Liú xiānsheng fūfù. Liú Dōngfāng yīnwèi
先生夫妇和刘先生夫妇。刘东方因为

mèimei de hūnshì méiyǒu chénggōng, hěn guài Fāng Hóngjiàn, dàn
妹妹的婚事没有成功，很怪方鸿渐，但

yòu bù gǎn dézuì tā, pà tā shēngqì bù jiāo yīngwén, méiyǒu
又不敢得罪他，怕他生气不教英文，没有

rén dài. Xuéqī kuài jiéshù shí Hán tàitai gěi tā sòngle
人代。学期快结束时韩太太给他送了

lǐwù, tā jiù bǎ Fāng Hóngjiàn de kè gěile tā. Wāng
礼物，他就把方鸿渐的课给了她。汪

Chǔhòu búzài qǐng tóngshì hé xiàozhǎng dào jiā li qù chīfàn.
处厚不再请同事和校长到家里去吃饭。

Gāo xiàozhǎng hé Lǐ Méitíng duì Fāng Hóngjiàn yě dōu bù mǎnyì.
高校长和李梅亭对方鸿渐也都不满意。

Yǒu yì tiān, Lù Zǐxiāo zài Fāng Hóngjiàn fángjiān li kànjiàn yì
有一天，陆子潇在方鸿渐房间里看见一

本《共产主义论[1]》，这原是赵辛楣丢下

的。陆子潇告诉了李训导长，李训导长

又报告了高校长。高校长说："我

本来明年要请他当教授，谁知道他思想

有问题，只能解聘[2]。"韩学愈知道了这件

事，高兴得拉了白俄太太跳舞。七月四

日，他让太太请同事吃饭，庆祝美国

国庆，这证明太太的确是一个美国人。

太太的国籍[3]是真的，先生的博士学位还

会假吗？

1. 论：essay on
2. 解聘：to dismiss
3. 国籍：nationality

Tip

❶曹禺：Born in Tianjin in 1910, Cao Yu is an outstanding playwright, whose original name was Wan Jiabao. His master-pieces include *Thunderstorm*, *Sunrise* and *Beijinger*.

Exercises

1. 汪太太说现在的年轻人不肯结婚,是因为: (   )
   - A. 他们没有钱
   - B. 他们宁愿跟女朋友胡闹
   - C. 为了省钱

2. 方鸿渐从汪处厚家吃了晚饭回家时说自己没有戴帽子,回
   到汪家又没有取回来,这是因为: (   )
   - A. 方鸿渐很糊涂(hútu, muddle-headed),自己戴不戴帽子
     都不知道
   - B. 方鸿渐那天并没有戴帽子,他上了赵辛楣的当
   - C. 方鸿渐知道赵辛楣不愿意陪范小姐回汪家去取提包,才
     这样说的

3. 范小姐给赵辛楣送书去,赵辛楣: (   )
   - A. 很高兴,因为他也喜欢看剧本
   - B. 很不高兴,因为书上写了"To my precious darling"
   - C. 很不高兴,因为他不喜欢范小姐

4. 韩太太在七月四日美国国庆请同事吃饭,是: (   )
   - A. 为了证明她是美国人,并由此证明韩学愈在在美国取得
     了博士文凭
   - B. 因为方鸿渐解聘后,韩太太可以到外文系去当教授
   - C. 为了表示热爱自己的祖国——美国

Questions

1. 为什么这一学期方鸿渐跟同事的关系比以前坏?
2. 赵辛楣为什么要离开三间大学?
3. 说说方鸿渐和孙小姐间发生了什么事。

十一、重返上海

Gāo Sōngnián yuánlái dāying Fāng Hóngjiàn： Xià xuéqī
高 松 年 原来 答应 方 鸿渐：下 学期

shēng tā wéi jiàoshòu, cóng Zhào Xīnméi zǒule yǐhòu, Fāng
升 他 为 教授，从 赵 辛楣 走了 以后，方

Hóngjiàn jiù bú zài zuò jiàoshòu de mèng, xiǎng shǔjià hòu lìng
鸿渐 就 不 再 做 教授 的 梦，想 暑假 后 另

zhǎo chūlù. Tā zhǐ zhǔnbèi zài pìnshū sònglái de shíhou,
找 出路¹。他 只 准备 在 聘书² 送来 的 时候，

xiě yì fēng xìn pīpíng xuéxiào, búliào Gāo Sōngnián gāncuì
写 一 封 信 批评 学校，不料 高 松 年 干脆³

bú sòng pìnshū gěi tā. Sūn xiǎojiě shōudàole pìnshū,
不 送 聘书 给 他。孙 小姐 收到了 聘书，

xīnshuǐ hái tígāole yì jí. Fāng Hóngjiàn yòu dǎting qítā
薪水 还 提高了 一 级。方 鸿渐 又 打听 其他

tóngshì, cái fāxiàn xià xuénián de pìnshū yǐjīng fāchū,
同事，才 发现 下 学年 的 聘书 已经 发出，

zhǐyǒu zìjǐ méiyǒu shōudào. Gāo Sōngnián jiànle miàn,
只 有 自己 没有 收到。高 松 年 见了 面，

zǒng shì xiàohēhē de, hǎoxiàng shénme shì dōu méiyǒu
总 是 笑 呵呵⁴ 的，好像 什么 事 都 没有

fāshēng. Fāng Hóngjiàn xiǎng zhìwèn tā, yì xiǎng yòu rěnzhù
发生。方 鸿渐 想 质问 他，一 想 又 忍住

le. Tā bù xiǎng gěi rén kàn xiàohuà, yìxiē tóngshì lái kàn
了。他 不 想 给 人 看 笑话⁵，一些 同事 来 看

1. 出路：a way out
2. 聘书：contract
3. 干脆：simply
4. 笑呵呵：smiling
5. 看笑话：(to give sb.) something to laugh at

160

他，他也不提解聘的事。

孙柔嘉订婚前常来看方鸿渐，订婚以后，只有方鸿渐去看她。方鸿渐发现她很有主意[1]，他开玩笑说："我下半年失了业，结不了婚了。"她说："回家见了爸爸，请他替你想办法。"他主张不要回家，去重庆找赵辛楣，不料[2]她非常反对，因为赵辛楣跟他地位一样，求他介绍工作太丢脸。她又说，一定要回去看她父母亲，他也应该见见未来的丈人丈母。方鸿渐说，就在这里结婚吧，既省事，旅行也方便些。孙小姐说："这次订婚就没有得到爸爸妈妈的同意，结婚不能再这样了。"

1. 有主意: scheming
2. 不料: unexpectedly

赵辛楣在重庆得到方鸿渐订婚的

161

xiāoxi, láixìn zhùhè, Fāng Hóngjiàn shuō zhècì huíqù,
消息，来信祝贺，方鸿渐说这次回去，

gāncuì zuò fēijī dào Xiānggǎng, shěngshì yìxiē; qù Xiānggǎng
干脆坐飞机到香港，省事一些;去香港

de fēijī piào kěyǐ tuō Zhào Xīnméi mǎi. Sūn xiǎojiě hěn
的飞机票可以托赵辛楣买。孙小姐很

zànchéng. Tāmen bǎ zhège yìsi xiě xìn gàosule Zhào
赞成。他们把这个意思写信告诉了赵

Xīnméi, Zhào Xīnméi huí xìn dào: Tā yě qù Xiānggǎng jiē
辛楣，赵辛楣回信道：他也去香港接

mǔqin, tāmen kěyǐ zài Xiānggǎng jiànmiàn le.
母亲，他们可以在香港见面了。

Fāng Hóngjiàn zhè cì zǒu, méiyǒu yí gè tóngshì wèi tā
方鸿渐这次走，没有一个同事为他

jiànxíng. Yīnwèi tā shì bèi xiàozhǎng jiěpìn de rén, dìwèi
饯行。因为他是被校长解聘的人，地位

yòu bù gāo, yǐqián yě hěn shǎo qǐng rén chīfàn, suǒyǐ dàjiā
又不高，以前也很少请人吃饭，所以大家

juéde méiyǒu bìyào qǐng tā. Búguò, tāmen jiànle Fāng
觉得没有必要请他。不过，他们见了方

Hóngjiàn dōu shuō: "Zěnme? Zǒu de nàme jí! Jiànxíng
鸿渐都说："怎么？走得那么急！饯行

dōu láibùjí. Zhè jǐ tiān piān yǒu kǎoshì, méiyǒu
都来不及。这几天偏有考试，没有

shíjiān." Fāng Hóngjiàn fàn méiyǒu chīdào, dào biǎoshìle hǎo
时间。"方鸿渐饭没有吃到，倒表示了好

jǐ cì gǎnxiè. Nà jǐ tiān, Gāo xiàozhǎng zài wàimian kāihuì,
几次感谢。那几天，高校长在外面开会，

huílái yǐhòu yě méi kànjiàn tā. Yǒu jǐ gè xuésheng,
回来以后也没看见他。有几个学生，

wǎnshang lái tā fángjiān sòngxíng. Tā xīnli shífēn gǎndòng,
晚上 来 他 房间 送行。他 心里 十分 感动，

zhè shíhou cái míngbai, yǒuxiē dāngguān de zài xiàtái de
这 时候 才 明白，有些 当官 的 在 下台¹ 的

shíhou wèi shénme yào lǎobǎixìng xiàng tā biǎoshì gǎnxiè hé
时候 为 什么 要 老百姓 向 他 表示 感谢 和

wǎnliú. Zǎochen chūfā de shíhou, Fàn xiǎojiě cóng sùshè
挽留²。早晨 出发 的 时候，范 小姐 从 宿舍

sòng Sūn xiǎojiě guòlái, liǎngrén shífēn qīnmì. Fāng Hóngjiàn
送 孙 小姐 过来，两人 十分 亲密。方 鸿渐

xiǎng, nǚrén dōu shì zhèngzhìjiā, bèihòu bǐcǐ shuō huàihuà,
想，女人 都 是 政治家，背后 彼此 说 坏话，

jiànle miàn què nàme rèqíng, liǎng gè zhèngdí zài yànhuì
见了 面 却 那么 热情，两 个 政敌³ 在 宴会

shang gānbēi, kǒngpà yě búguò rúcǐ.
上 干杯，恐怕 也 不过 如此。

Chūfā yǐhòu, Gāo Sōngnián pàirén sònglái yì fēng xìn,
出发 以后，高 松年 派人 送来 一 封 信，

shuō: Méiyǒu jiànxíng, hěn bàoqiàn, běn xiào zàn bù chénglì
说：没有 饯行，很 抱歉，本 校 暂 不 成立

zhéxuéxì, suǒyǐ méiyǒu gěi tā pìnshū, tā yǐ xiě xìn gěi liǎng
哲学系，所以 没有 给 他 聘书，他 已 写 信 给 两

gè xuéshù jīguān, jièshào Fāng Hóngjiàn qù zuòshì, bìng sòngle
个 学术 机关，介绍 方 鸿渐 去 做事，并 送了

jiéhūn de hèyí. Fāng Hóngjiàn kànle shífēn shēngqì.
结婚 的 贺仪⁴。方 鸿渐 看了 十分 生气。

liǎng rén dì-yī cì zuò fēijī, hěn bù shūfu, dōu tù
两人 第一 次 坐 飞机，很 不 舒服，都 吐

le. Fēijī dào Xiānggǎng, Zhào Xīnméi zài jīchǎng yíngjiē.
了。飞机 到 香港，赵 辛楣 在 机场 迎接。

1. 下台：to fall out of power

2. 挽留：to urge sb. to stay

3. 政敌：political opponent

4. 贺仪：wedding gift

163

Dàole lǚguǎn, Fāng, Sūn èr rén jízhe yào xiūxi. Zhào
到了旅馆，方、孙二人急着要休息。赵

Xīnméi kàn tāmen zhǐ dìngle yí gè fángjiān, tōutōu de xiào.
辛楣看他们只定了一个房间，偷偷地笑。

Wǎnshang Zhào Xīnméi wèi tāmen jiēfēng. Sūn xiǎojiě
晚上 赵辛楣为他们接风¹。孙小姐

shuō yīnwèi méi shuì hǎo, juéde ěxin yàotù, bù xiǎng
说因为没睡好，觉得恶心要吐，不想

chūqù, ràng Fāng Hóngjiàn yí gè rén qù, hái shuō: "Tā
出去，让方鸿渐一个人去，还说："他

méiyǒu qǐng bié de nǚ kè, nǐmen liǎng rén yǒu huà shuō, wǒ
没有请别的女客，你们两人有话说，我

qùle chā bú shàng zuǐ." Yòu shuō: "Wǒ yí jiàn hǎo
去了插不上嘴²。"又说："我一件好

yīfu dōu méiyǒu, qùle diūliǎn." Zhào Xīnméi tīngshuō
衣服都没有，去了丢脸。"赵辛楣听说

Sūn xiǎojiě bìng le, dǎsuàn gǎitiān zài qǐng, Sūn xiǎojiě bù
孙小姐病了，打算改天再请，孙小姐不

tóngyì, yìng yào tā liǎ qù.
同意，硬要他俩去。

Lù shang, Zhào Xīnméi shuō: "Qùnián wǒmen tónglù
路上，赵辛楣说："去年我们同路

zǒu, Sūn xiǎojiě zuò qìchē cóng méiyǒu tù guò. Xiànzài bù
走，孙小姐坐汽车从没有吐过。现在不

xiǎng chī dōngxi, yěxǔ yǒu páng de yuányīn ba? Wǒ tīngshuō
想吃东西，也许有旁的原因吧？我听说

yào tù de—"
要吐的——"

Fāng Hóngjiàn máng dào: "Nà bú huì! Nà bú huì!"
方鸿渐忙道："那不会！那不会！"

1. 接风: to give a din-
ner of welcome

2. 插嘴: to interrupt

164

Tóngshí xīnli hàipà, zhīdào nà shì kěnéng de.
同时心里害怕,知道那是可能的。

Zhào Xīnméi yòu quàn tā: "Nǐmen liǎng wèi gǎnkuài
赵辛楣又劝他:"你们两位赶快

jiéhūn, búbì dào Shànghǎi, huí jiā jiéhūn kāixiāo hěn bù
结婚,不必到上海,回家结婚开销[1]很不

xiǎo, nǐmen liǎng jiā de jǐngkuàng wǒ shì zhīdào de." Tā hái
小,你们两家的景况[2]我是知道的。"他还

shuōle yìxiē bié de lǐyóu. Fāng Hóngjiàn bèi Zhào Xīnméi
说了一些别的理由。方鸿渐被赵辛楣

shuōdòngle xīn, qǐng tā dǎtīng yíxià zài zhèr zěnme bàn
说动了心[3],请他打听一下在这儿怎么办

shǒuxù.
手续[4]。

Chīfàn de shíhou, Zhào Xīnméi wènle xǔduō xuéxiào li
吃饭的时候,赵辛楣问了许多学校里

de shì, tàn kǒu qì dào: "Hǎoxiàng zuòle yì chǎng mèng."
的事,叹口气道:"好像做了一场梦。"

Tā yòu wèn Fāng Hóngjiàn shǔqī yǐhòu yǒu shénme jìhuà, Fāng
他又问方鸿渐暑期以后有什么计划,方

Hóngjiàn shuō zhǔnbèi zhǎo shì, Zhào Xīnméi shuō: "Nǐ dàole
鸿渐说准备找事,赵辛楣说:"你到了

Shànghǎi yuànyì bú yuànyì dào wǒ cóngqián gōngzuò de nàge
上海愿意不愿意到我从前工作的那个

bàoguǎn qù, wǒ kěyǐ tì nǐ jièshào." Fāng Hóngjiàn hěn
报馆去,我可以替你介绍。"方鸿渐很

gǎnxiè. Zhào Xīnméi yòu wèn qián gòu bú gòu, shuō yào gěi tā
感谢。赵辛楣又问钱够不够,说要给他

yì bǐ qián, suàn shì jiéhūn hèyí. Shuōhuàjiān, Fāng Hóngjiàn
一笔钱,算是结婚贺仪。说话间,方鸿渐

1. 开销: expense

2. 景况: situation

3. 动了心: to be persuaded

4. 手续: formal procedures

165

zhīdào tā yě yǒule nǚ péngyou, yào jiéhūn le.
知道他也有了女朋友，要结婚了。

Fāng Hóngjiàn zài huí jiā lùshang wèi Sūn Róujiā mǎile
方鸿渐在回家路上为孙柔嘉买了

xīnxiān shuǐguǒ. Tā què zhèngzài shēngqì, yīnwèi Fāng Hóngjiàn
新鲜水果。她却正在生气，因为方鸿渐

chūqù de shíjiān tài cháng, méiyǒu hǎohāo zhàogù tā. Fāng
出去的时间太长，没有好好照顾她。方

Hóngjiàn hǒngle bàntiān, hái shuō yǒu zhèngjing huà gēn tā
鸿渐哄¹了半天，还说有正经²话跟她

jiǎng, tā zhè cái wèn tā shì shénme zhèngjinghuà.
讲，她这才问他是什么正经话。

"Nǐ huì bú huì yǒule háizi, suǒyǐ shēntǐ zhèyàng
"你会不会有了孩子，所以身体这样

bù shūfu?"
不舒服？"

"Shénme? Húshuō!— Jiǎrú yǒule háizi,
"什么？胡说！——假如有了孩子，

wǒ bù ráo nǐ, wǒ bù ráo nǐ! Wǒ bú yào háizi."
我不饶³你，我不饶你！我不要孩子。"

"Zánmen bù dé bù yǒu gè zhǔnbèi, suǒyǐ Xīnméi quàn
"咱们不得不有个准备，所以辛楣劝

wǒ hé nǐ kuài jiéhūn—"
我和你快结婚——"

Sūn Róujiā yíxiàzi zuòle qǐlái, zhēngdàle
孙柔嘉一下子坐了起来，睁大了

yǎnjing: "Nǐ bǎ zánmen de shì gàosule Zhào Xīnméi? Nǐ
眼睛："你把咱们的事告诉了赵辛楣？你

bú shì rén! Nǐ bú shì rén! Wǒ méiyǒu liǎn jiàn rén le!"
不是人！你不是人！我没有脸见人了！"

1. 哄: to coax

2. 正经: serious

3. 饶: to forgive

166

Shuōzhe kūle qǐlái.
说着哭了起来。

Fāng Hóngjiàn lián hǒng dài quàn, Děng tā kū lèi le, cái
方鸿渐连哄带劝，等她哭累了，才

mànmàn bǎ shìqing shuō míngbai. Shuìjiào yǐqián, Sūn Róujiā
慢慢把事情说明白。睡觉以前，孙柔嘉

shuō: "Hóngjiàn, wǒ gěi nǐ shuō de hěn dānxīn, jiéhūn de
说："鸿渐，我给你说得很担心，结婚的

shì nǐ qù bàn ba."
事你去办吧。"

Yǐhòu tāmen mángle yí gè xīngqī, bàn shǒuxù, xiàng
以后他们忙了一个星期，办手续，向

liǎng jiā fùmǔ yàoqián, zuò yīfu, mǎi dōngxi, zhàoxiàng.
两家父母要钱，做衣服，买东西，照相。

Hòulái tā zhīdào yuánlái de dānxīn shì duōyú de, zhí
后来她知道原来的担心是多余[1]的，直

mányuàn Fāng Hóngjiàn tīngle Zhào Xīnméi de huà, zhèyàng
埋怨方鸿渐听了赵辛楣的话，这样

cōngcōng-mángmáng de jiéhūn, fǎn'ér bèi rén shuō xiánhuà.
匆匆忙忙[2]地结婚，反而被人说闲话。

Búguò, yíqiè dōu zhǔnbèi hǎo le, gěi jiāli de xìn yě xiě
不过，一切都准备好了，给家里的信也写

le, tāmen jiù jiéle hūn.
了，他们就结了婚。

Jiéhūn yǐhòu, tāmen jiù zhǔnbèi huí Shànghǎi. Zhào
结婚以后，他们就准备回上海。赵

Xīnméi de mǔqin yě lái le, guò jǐ tiān gēn érzi yìqǐ
辛楣的母亲也来了，过几天跟儿子一起

qù Chóngqìng. Kāi chuán qián liǎng tiān, Fāng Hóngjiàn fūfù qù
去重庆。开船前两天，方鸿渐夫妇去

1. 多余: unnesessary

2. 匆匆忙忙: in a hurry

167

看赵辛楣,也是为了拜访赵老太太,为

他们送行,并向他们辞行。

没想到苏文纨也在赵家。进门打过

招呼以后,赵辛楣说:"这是方太太。"苏

文纨低头问赵辛楣:"是不是还是那位

经理的小姐?"赵辛楣告诉了她,她叹道:

"原来又是一位——方太太。是在香港

住呢,还是从外国回来经过 香港 ?"孙

柔嘉告诉她从内地来。苏文纨听了就

继续跟赵老太太谈话,不再理她。苏文纨

临走时,赵辛楣见方鸿渐夫妇站着,就对

她说:"方 先生 、方太太在招呼你呢。"

苏文纨这才对方鸿渐点点头,伸手让孙

柔嘉拉一拉,眼睛看着 上方 。

等 赵辛楣送客回来,方 鸿渐也站

围城
The
Besieged
City

qǐlái gàobié. Zhào Xīnméi sòng tāmen dào chēzhàn, shuō:
起来告别。赵辛楣送他们到车站，说：

"Sū Wénwán jīntiān duì nǐ tài wúlǐ!" Fāng Hóngjiàn dào:
"苏文纨今天对你太无礼！"方鸿渐道：

"Rénjia shì kuò xiǎojiě, kuò tàitai ma."
"人家是阔¹小姐、阔太太嘛。"

Zài chē shang, Fāng Hóngjiàn xiǎng, Sū Wénwán jīntiān
在车上，方鸿渐想，苏文纨今天

zhèyàng wúlǐ shì yīnwèi zìjǐ cóngqián dézuìle tā, kěshì
这样无礼是因为自己从前得罪了她，可是

wèi shénme yào duì Róujiā yě zhèyàng ne? Yòu xiǎng, liǎng nián
为什么要对柔嘉也这样呢？又想，两年

qián, bù, yì nián qián, tā gēn tā de dìwèi shì píngděng de.
前，不，一年前，他跟她的地位是平等的。

Xiànzài ne? Tā gāogāo zài shàng. Jiù shuō Xīnméi ba, tā
现在呢？她高高在上。就说辛楣吧，他

bǎ zìjǐ dàng péngyou, kěshì tā yě yí bù yí bù gāo shàng-
把自己当朋友，可是他也一步一步高上

qù, zìjǐ què shíshí yào tā bāngzhù. Sūn Róujiā jiàn tā bù
去，自己却时时要他帮助。孙柔嘉见他不

kāi kǒu, yě rěnzhù bù shuōhuà.
开口，也忍住不说话。

Sūn Róujiā shòule Sū Wénwán de wúlǐ duìdài, hěn
孙柔嘉受了苏文纨的无礼对待，很

shēngqì, yóuqí shēngqì de shì Fāng Hóngjiàn méiyǒu yìdiǎnr
生气，尤其生气的是方鸿渐没有一点儿

fǎnkàng, huídào jiā jiù gēn tā chǎole qǐlái: "Rénjia
反抗，回到家就跟他吵了起来："人家

dǎdào wǒ tóu shang lái le, nǐ yě hǎoxiàng méiyǒu kànjiàn
打到我头上来了，你也好像没有看见

1. 阔: rich

似的，反正老婆是该受野¹女人欺负的。

我看自己的丈夫给人家笑骂，倒受不住，

觉得很丢脸。你不是说她从前很爱你

吗？今天她处处表现出对赵辛楣好，是

你追²她没追到吧？"鸿渐听了气得眼睛

都红了，打断她的话说："是的！人家都

不要我，只有你才千方百计³要嫁给我！"

孙柔嘉颤声说："我瞎了眼睛！"

下午，方鸿渐忽然想起明天要取

船票，但是取船票的收据⁴他忘了放在

什么地方了，箱子里、口袋里到处找，急得

一身是汗。孙柔嘉问他是不是找那张

收据，打开手提包给了他。方鸿渐感激地

连声道："谢谢你，谢谢你——"孙柔嘉

道："好不容易千方百计嫁了你这样一位

1. 野（女人）: loose (woman)

2. 追: to pursue, to court

3. 千方百计: by every possible means

4. 收据: receipt

zhàngfu, hái gǎn bù xiǎoxīn cìhou ma?"　　Jiēzhe yòu mà Sū

丈夫,还敢不小心伺候吗?"接着又骂苏

Wénwán bú yào liǎn, yǒule zhàngfu hái gēn Zhào Xīnméi gōuda.

文纨不要脸,有了丈夫还跟赵辛楣勾搭[1]。

Zhè cì chǎojià xiàng xiàtiān de yǔ, chǎo de shíhou hěn

这次吵架[2]像夏天的雨,吵的时候很

lìhài, guòqù de yě kuài. Dì-èr tiān huí Shànghǎi de chuán

厉害,过去得也快。第二天回上海的船

shang, liǎng rén zài jiǎbǎn shang chéngliáng, Fāng Hóngjiàn dào:

上,两人在甲板上 乘凉 ,方鸿渐道:

"Qùnián zánmen dì-yī cì tóng chuán qù nèidì, xiǎngbudào

"去年咱们第一次同 船 去内地,想不到

jīnnián tóng chuán huílái, yǐjīng shì fūqī le." Sūn Róujiā

今年同 船 回来,已经是夫妻了。"孙柔嘉

wèn tā jīntiān shì bā yuè jǐ hào, Fāng Hóngjiàn shuō èr hào.

问他今天是八月几号,方鸿渐说二号。

Sūn Róujiā tàn dào: "Zài guò wǔ tiān jiù shì yì zhōunián

孙柔嘉叹道:"再过五天就是一周年

le!" Fāng Hóngjiàn wèn shénme yì zhōunián, Sūn Róujiā shīwàng

了!"方鸿渐问什么一周年,孙柔嘉失望

dào: "Nǐ zěnme wàng le! Zánmen bú shì qùnián bā yuè qī

道:"你怎么忘了! 咱们不是去年八月七

hào Zhào Xīnméi qǐngkè shí rènshi de ma?" Fāng Hóngjiàn máng

号赵辛楣请客时认识的吗?"方鸿渐忙

shuō: "Jìde. Nǐ nàtiān chuān de shénme yīfu wǒ dōu

说:"记得。你那天穿 的什么衣服我都

jìde." Sūn Róujiā gāoxìng dào: "Wǒ chuān de lán huā bái

记得。"孙柔嘉高兴道:"我 穿 的蓝花白

dǐzi de yīfu, shì bú shì?" Tā wèn zhè shì bú shì

底子[3]的衣服,是不是?"她问这是不是

rénmen shuō de "yuánfèn", Fāng Hóngjiàn fāqǐ yìlùn,
人们说的"缘分[1]",方鸿渐发起议论,

bǎ huàtí chě yuǎn, dà jiǎng "ǒurán" hé "bìrán",
把话题[2]扯[3]远,大讲"偶然"和"必然",

tīng de Sūn Róujiā dǎle gè hēqiàn, yí gè rén xiān huíqù
听得孙柔嘉打了个呵欠[4],一个人先回去

shuì le.
睡了。

Chuán yuè zǒu lí Shànghǎi yuè jìn, Fāng Hóngjiàn xīnshì
船越走离上海越近,方鸿渐心事

chóngchóng, tā juéde huíjiā bìng bú xiàng xiǎng de nàyàng
重重,他觉得回家并不像想的那样

jiǎndān; yòu dàile Róujiā huíqù, hé jiālirén yào guò hěn
简单;又带了柔嘉回去,和家里人要过很

duō shíhou cái huì shóuxī qǐlái ba.
多时候才会熟悉起来吧。

1. 缘分：predestined relationship
2. 话题：topic
3. 扯：to chat
4. 打呵欠：to yawn

Exercises

1. 方鸿渐离开三间大学前,没有一个同事为他送行,这是因为　　　　　　　　　　（　　）
   A. 大家看不起他
   B. 他走得太急
   C. 那几天有考试,大家没有时间

2. 方鸿渐说女人都是政治家是指有些政治家　（　　）
   A. 背后常常说别人的坏话
   B. 在下台的时候,要老百姓表示感谢和挽留
   C. 在背后说别人的坏话,见了面又十分亲热

3. 高松年不给方鸿渐聘书是因为 （ ）

　A. 方鸿渐想暑假后另找出路

　B. 三间大学不成立哲学系

　C. 高松年不喜欢他

4. 离开赵辛楣以后,方鸿渐在车上没有说话,是因为 （ ）

　A. 孙柔嘉没有跟他说话

　B. 他在想别人地位都比他高,心里很不痛快

　C. 他在想过去和苏文纨的亲密交往

Questions

1. 为什么说孙柔嘉是一个很有主意的人?

2. 苏文纨见了方鸿渐和孙柔嘉是什么态度? 方鸿渐和孙柔嘉是怎么想的?

3. 方鸿渐和孙柔嘉在回上海的船上谈到了什么?

十二、古老的钟

Fāng Hóngjiàn bàogào tā dìnghūn de jiāxìn dàole jiā-
方 鸿渐 报告他 订婚 的 家信 到了 家

li, Fāng lǎo tàitai guài érzi zěnme bù zhēngqiú fùmǔ
里,方 老 太太 怪 儿子 怎么 不 征求¹ 父母

tóngyì jiù dìnghūn le, yòu dānxīn xīn xífù de píqi huì
同意 就 订婚 了,又 担心 新 媳妇❶的 脾气 会

shì shénmeyàng.　Fāng lǎo xiānsheng dào:　"Zhǐyào Hóngjiàn
是 什么样。方 老 先生 道:"只要 鸿渐

juéde hǎo, jiù hǎo le. Ài, xiànzài de xífù, nǐ hái
觉得 好,就 好 了。唉,现在 的 媳妇,你 还

xīwàng tā duì nǐ xiàoshùn ma? Zhè bú huì yǒu de le."
希望 她 对 你 孝顺²吗? 这 不会 有 的 了。"

Tāmen de liǎng gè xífù èr nǎinai, sān nǎinai tīngle
他们 的 两个 媳妇 二 奶奶³、三 奶奶 听了

hùxiāng kànle yì yǎn, liǎn shang de biǎoqíng dōu biàn le. Fāng
互相 看了 一 眼,脸上 的 表情 都 变 了。方

lǎo tàitai dào:　"Bù zhīdào Sūn jiā yǒu qián méiyǒu." Fāng
老 太太 道:"不知道 孙家 有 钱 没有。"方

lǎo xiānsheng xiào dào:　"Wǒ kàn Lǎo Dà zhè háizi shì yǒu
老 先生 笑 道:"我 看 老大 这孩子 是 有

fú de.　Dì-yī cì dìnghūn de Zhōu jiā hěn yǒu qián,
福⁴的。第一次 订婚 的 周家 很 有 钱,

hòulái kànzhòng Sū jiā de nǚ'ér, yě hěn yǒu qián. Xiǎng
后来 看中⁵苏家 的 女儿,也 很 有 钱。想

1. 征求: to consult

2. 孝顺: to show filial obedience

3. （少）奶奶: wife of the son of a rich family

4. 福: lucky

5. 看中: to take a fancy to

来这次孙家也不会太差。她父亲在报馆

里做事，应当有钱吧。无论如何这位

小姐是大学毕业，也在外面做事，看来

能够自立[1]的。"这几句话又替孙柔嘉

树[2]了两个敌人——二奶奶、三奶奶的

娘家[3]景况平常，她们只在中学念过书。

过不多久，方鸿渐在香港来信报告

结婚，要父母寄钱。方老先生看后，又

惊又怒，跟老太太在房间里研究了半天。

他不喜欢年轻人自由结婚，又不愿意让

别的媳妇知道这丢脸的事。吃饭的时候，

他对全家人道："老大今天来信，他们

到了香港了。同走的几个朋友里，有人

要在香港结婚。老大也想同时跟孙

小姐结婚。他信上还说可以省我的

1. 自立: to earn one's own living

2. 树（敌）: to make (an enemy)

3. 娘家: a married woman's mother's home

177

qián, shěng wǒ de shì ne, zhè yě suàn tǐliàng zánmen le, shì
钱，省我的事呢，这也算体谅咱们了，是

bú shì?" Dàjiā dōu shuō "shì", tā jìxù shuō: "Lǎo
不是?"大家都说"是"，他继续说:"老

Èr Lǎo Sān jiéhūn de fèiyòng, dōu shì wǒ fùdān de. Hóngjiàn
二老三结婚的费用，都是我负担的。鸿渐

shuō yào shěngqián, wǒ dāngrán gāoxìng, kěshì, qián hái děi gěi
说要省钱，我当然高兴，可是，钱还得给

tā jìqù, miǎnde jiānglái Lǎo Dà guài fùmǔ bù gōngpíng."
他寄去，免得将来老大怪父母不公平。"

Chī wán fàn, tā yòu shuō: "Rúguǒ zài Shànghǎi jiéhūn, nǐmen
吃完饭，他又说:"如果在上海结婚，你们

fūfù yě yào bāngmáng, xiànzài dàjiā dōu fāngbiàn."
夫妇也要帮忙，现在大家都方便。"

Sān nǎinai huí fáng zhèngzài xǐliǎn, èr nǎinai lái le,
三奶奶回房正在洗脸，二奶奶来了，

shuō: "Cóng Xiānggǎng dào Shànghǎi sān-sì tiān dōu děngbùjíle
说:"从香港到上海三四天都等不及了

ma?" Sān nǎinai shuō: "Zhè lǐmian yídìng yǒu máobìng."
吗?"三奶奶说:"这里面一定有毛病。"

Sūn Róujiā xiàle chuán, bú yuànyì lìkè jiù dào
孙柔嘉下了船，不愿意立刻就到

pójia qù, yào xiān huí niángjia. Fāng Hóngjiàn zhīdào tā
婆家[1]去，要先回娘家。方鸿渐知道她

pàshēng, érqiě zhīdào jiāli méiyǒu fángzi gěi zìjǐ zhù,
怕生[2]，而且知道家里没有房子给自己住，

suǒyǐ, zhǐhǎo liǎng rén gè zì zhù zài zìjǐ de jiā li,
所以，只好两人各自住在自己的家里，

tóngshí zài zhǎo fángzi. Fāng Hóngjiàn sòng Sūn Róujiā huíle
同时再找房子。方鸿渐送孙柔嘉回了

1. 婆家: one's husband's home

2. 怕生: to be shy with strangers

jiā, bìng jiànle zhàngren zhàngmu, ránhòu dúzì huíjiā.
家，并见了丈人丈母，然后独自回家。

Fāng lǎo xiānsheng hé lǎo tàitai jiàn xīn xífù méiyǒu lái, hěn bù
方老先生和老太太见新媳妇没有来，很不

gāoxìng, kěshì yòu fàngle xīn—— Tā yàoshi lái le, lián zhù
高兴，可是又放了心——她要是来了，连住

de dìfang dōu méiyǒu. Lǎo fūfù wènle érzi xǔduō huà, yòu
的地方都没有。老夫妇问了儿子许多话，又

ràng érzi qù qǐng Róujiā míngtiān lái chīfàn, tóngshí wèn zhàngren
让儿子去请柔嘉明天来吃饭，同时问丈人

zhàngmu shénme shíhou fāngbiàn, yào hǎohāo de qǐng tāmen.
丈母什么时候方便，要好好地请他们。

Dì-èr tiān shàngwǔ, Fāng Hóngjiàn bǎ Sūn Róujiā jiēdào
第二天上午，方鸿渐把孙柔嘉接到

jiāli, Fāng lǎo tàitai kàn tā méiyǒu zhàopiàn shang piàoliang,
家里，方老太太看她没有照片上漂亮，

yǒuxiē shīwàng. Fāng lǎo xiānsheng shífēn gāoxìng, wèncháng-
有些失望。方老先生十分高兴，问长

wènduǎn.¹ Tīngshuō Róujiā yào zuòshì, tā shuō: "Zuòshì
问短¹。听说柔嘉要做事，他说："做事

gùrán hěn hǎo, búguò fūfù liǎ dōu zài wàimian zuòshì, jiā
固然很好，不过夫妇俩都在外面做事，家

jiù bú xiàng jiā le." Róujiā miǎnqiǎng diǎntóu. Xiàng zǔxiān²
就不像家了。"柔嘉勉强点头。向祖先²

xínglǐ³ de shíhou, Hóngjiàn fūfù méiyǒu guìbài⁴, yě méiyǒu zài
行礼³的时候，鸿渐夫妇没有跪拜⁴，也没有再

xiàng fùmǔ xínglǐ, tāmen dōu bù dǒng zhèxiē. Fāng lǎo tàitai
向父母行礼，他们都不懂这些。方老太太

hěn bù gāoxìng, yuánlái zhǔnbèi de jiànmiànlǐ⁵ jiù méiyǒu gěi
很不高兴，原来准备的见面礼⁵就没有给

1. 问长问短：to make detailed inquiries

2. 祖先：ancestors

3. 行礼：to salute

4. 跪拜：to worship on bended knees; to kowtow

5. 见面礼：a present given to sb. on the first meeting

179

柔嘉。吃饭的时候，老二的儿子把酒洒[1]在

柔嘉的衣服上，鸿渐夫妇又不懂得为孩子

说好话，留面子。二奶奶气得把孩子打得大

哭，大家很不愉快。

下午柔嘉回了家。

方老先生在家里说："孙柔嘉不懂

礼貌[2]，这也难怪[3]，学校里出来的人全都

这样。"柔嘉在路上说："好好一件

衣服，就算完了，我从来就没见过这样的

孩子。"鸿渐道："说起孩子，好像你应该

给他们见面钱的。"柔嘉道："你为什么

不早说？我自己刚从学校出来，全不

懂这些，麻烦死了！我不做你们方家的

媳妇了！"又道："你父母说话太奇怪。我

孙柔嘉一个大学毕业生到你们方家来做

1. 洒: to spill
2. 礼貌: courtesy
3. 难怪: not surprising

180

用人！你们家没那么阔呢。"方鸿渐道：

"他不过劝你不必出去做事。"孙柔嘉

道："你下半年的职业还没找到呢！我

挣点钱，还不好吗？"

两家父母见了面，互相拜访过，

请过客。但是，方家怪孙家不知礼，孙家

说方家太古板[1]。鸿渐和柔嘉因此而

互相生气。

孙柔嘉有个姑母[2]在一家大工厂里

做事，她也就在那里找到了职位。

方鸿渐回家第五天，按照赵辛楣的

介绍，到那家报馆拜访了总编王先生，

当了资料室主任，他的丈人——柔嘉的

父亲恰好也在这儿做事。

房子比职业更难找，最后，在亲戚家

1. 古板：old-fashioned
2. 姑母：aunt (father's sister)

181

里租了两间小房。他们自己买了一房
家具[1]，柔嘉的姑母又送了她一房家具。

一天上午，方老先生夫妇来看儿子
的新房[2]。柔嘉到办公室去了，只有鸿渐
饭后才去报馆，在家迎接父母。他父母
给他送来一只老式[3]的钟，是他爷爷
时候的东西。方老先生说，这只钟走
得很准，每点钟只慢七分钟。方老
太太看了家具，问："柔嘉家里给她东西
没有？"鸿渐说这房家具是柔嘉姑母送
的，又撒谎说另一房是她父母买的。方
老太太听了并不满意，但想起布置新房
一半也是婆家的责任，便不说了。鸿渐
又告诉父母，柔嘉厂里的待遇好，挣的
钱比自己多一倍。方老先生回到家，

1. 家具: furniture
2. 新房: bridal chamber
3. 老式: old style

shuō: "Lǎo Dà yídìng pà lǎopo, zěnme kěyǐ ràng lǎopo

说:"老大一定怕老婆,怎么可以让老婆

zhèng de qián bǐ tā duō!" Fāng lǎo tàitai shuō: "Tā

挣的钱比他多!"方老太太说:"她

yīngdāng bǎ chǎng li de shì ràng gěi Lǎo Dà qù zuò."

应当把厂里的事让给老大去做。"

Xīngqīliù xiàwǔ, èr nǎinai, sān nǎinai lái bàifǎng.

星期六下午,二奶奶、三奶奶来拜访。

Hóngjiàn zài bàoguǎn li méi huílái, Róujiā jiēdài tāmen.

鸿渐在报馆里没回来,柔嘉接待¹她们。

Tāmen kànle jiājù, wènle jiàqián, dōu shuō Róujiā huì mǎi

她们看了家具,问了价钱,都说柔嘉会买

dōngxi, kě yòu shuō zài bié de shénme dìfang jiànguò zhèyàng

东西,可又说在别的什么地方见过这样

de dōngxi, jiàqián hǎoxiàng hái piányi xiē. Tāmen hái wèn

的东西,价钱好像还便宜些。她们还问

tā yǒu méi yǒu fàng xiāngzi de fángjiān, liǎng rén dōu kuā zìjǐ

她有没有放箱子的房间,两人都夸自己

péijià duō, kěxī dǎzhànghòu diū le. Zhèshí, Róujiā cái

陪嫁²多,可惜打仗后丢了。这时,柔嘉才

míngbai tāmen shì lái diàochá zìjǐ de péijià de, qì de

明白她们是来调查自己的陪嫁的,气得

lián wǎnfàn dōu méiyǒu chī.

连晚饭都没有吃。

Hóngjiàn huí jiā, jiàn tā bù gāoxìng, wèn shì shéi gěi tā

鸿渐回家,见她不高兴,问是谁给她

qì shòu. Róujiā dào: "Nǐ de xiōngdi xífur." Hóngjiàn

气受。柔嘉道:"你的兄弟媳妇儿。"鸿渐

lián shuō: "Tǎoyàn!" Róujiā yòu dào: "Tāmen kànle

连说:"讨厌!"柔嘉又道:"她们看了

1. 接待: to receive
2. 陪嫁: dowry

家具,话里的意思好像说咱们买贵了!为什么不早点帮我买呀!"鸿渐急问:"那一间的家具你说是买的吗?"柔嘉道:"说了,怎么啦?"鸿渐拍着脑袋把那天方老太太问丈人家送些什么的事说了出来,并说因为怕她生气,没有告诉她。柔嘉说:"我还有什么脸到你家里去?她们回去一说,还以为姑母送的家具也是咱们自己买的呢。"又说:"我们孙家穷,女儿结婚没有陪嫁,你们方家花了聘金[1]没有?哦,有一只钟——"

这许多小事使柔嘉怕到婆家去。鸿渐也不好意思总是一个人去,因此不肯常回家。

搬进新居一个多月后,鸿渐夫妇上

---

1. 聘金: betrothal gift

Róujiā gūmǔ jiā chīfàn, lín huíjiā shí, gūmǔ duì Hóngjiàn
柔嘉姑母家吃饭,临回家时,姑母对鸿渐
shuō búyào qīfu Róujiā. Hóngjiàn tīngle fēicháng shēngqì,
说不要欺负柔嘉。鸿渐听了非常生气,
cóngcǐ bùkěn péi tā dào gūmǔ jiā qù.
从此不肯陪她到姑母家去。

Yí gè xīngqīliù xiàwǔ, Fāng Hóngjiàn huíjiā hěn zǎo.
一个星期六下午,方鸿渐回家很早。

Róujiā dào: "Zhào Xīnméi lái xìn le."
柔嘉道:"赵辛楣来信了。"

Zhào Xīnméi xìn shang quàn tā dào Chóngqìng qù, Róujiā
赵辛楣信上劝他到重庆去,柔嘉
wèn tā: "Nǐ zěnyàng huífù tā?"
问他:"你怎样回复他?"

Hóngjiàn dào: "Wǒ shì xiǎng qù, búguò hái yào zǎixì
鸿渐道:"我是想去,不过还要仔细
kǎolǜ yí xià."
考虑一下。"

"Wǒ ne?"
"我呢?"

"Jiù shì wèile nǐ, wǒ hěn yóuyù. Shànghǎi ne, wǒ
"就是为了你,我很犹豫。上海呢,我
hěn bú yuànyì zhù xiàqù, bàoguǎn li yě méiyǒu chūlù, zhè
很不愿意住下去,报馆里也没有出路,这
jiātíng yí bàn hái yīkào nǐ— Xīnméi jìrán hǎoyì, wǒ
家庭一半还依靠你——辛楣既然好意,我
xiǎng zài dào nèidì qù kànkan. Wǒ yí gè rén xiān qù,
想再到内地去看看。我一个人先去,
yǐhòu zài lái jiē nǐ, nǐ yǐwéi rúhé?"
以后再来接你,你以为如何?"

"Jiéhūn sì gè yuè le, nǐ duì jiāli de lǎopo zǎo
"结婚四个月了,你对家里的老婆早

jiù yànjuàn le, yǒu jīhuì zǒu, wèi shénme bú huànhuan
就厌倦[1]了,有机会走,为什么不换换

xīnxiān kōngqì?"
新鲜空气?"

Hóngjiàn tàn dào: "Nàme, wǒ dài nǐ yìqǐ qù, hǎo
鸿渐叹道:"那么,我带你一起去,好

ma?"
吗?"

"Wǒ zhèr hǎohǎor de yǒu zhíyè, wèi shénme gēn
"我这儿好好儿的有职业,为什么跟

nǐ qù? Wǒ yǐjīng wèi nǐ xīshēngle Sānlǘ Dàxué de
你去?我已经为你牺牲[2]了三闾大学的

shì dào Shànghǎi lái le."
事到上海来了。"

Shuōqǐ Sānlǘ Dàxué, tāmen yòu chǎo qǐlái. Sūn
说起三闾大学,他们又吵起来。孙

Róujiā jiào zhàngfu biéwàngle shì shéi bèi jiěpìn le, Fāng
柔嘉叫丈夫别忘了是谁被解聘了,方

Hóngjiànshuō: "Xiàozhǎng liú nǐ shì wèile ràng xuésheng zài
鸿渐说:"校长留你是为了让学生再

fǎnduì nǐ yí cì." Jiéguǒ liǎng rén dōu hěn bú tòngkuài,
反对你一次。"结果两人都很不痛快,

búguò, dì-èr tiān, Fāng Hóngjiàn háishi juédìng bù gěi Zhào
不过,第二天,方鸿渐还是决定不给赵

Xīnméi huí xìn. Liǎng rén yòu héhǎo le.
辛楣回信。两人又和好了。

Fāng Hóngjiàn zài bàoguǎn li fāxiànle yí gè shúrén,
方鸿渐在报馆里发现了一个熟人,

1. 厌倦: to be tired of

2. 牺牲: to give up

就是一起在苏文纨家喝过茶的沈太太。

方鸿渐问她沈先生的情况,她说因为

沈先生是名人,日本人和南京¹伪政府

要找他出来做事,他躲起来了。方鸿渐

回到家里,对柔嘉说:"天下真小,

遇见了苏文纨以后,不料又遇见了沈

太太。"柔嘉冷冷地说:"世界是小,你还

会遇见一个人呢。"她指的是唐晓芙。

方鸿渐道:"只有你这种傻瓜才把她记

在心里,她也许早把我忘了。想起来,

结婚以前把恋爱看得那么认真,真可笑。

其实,不管你跟谁结婚,结婚以后你总

发现自己妻子不是原来的人,早知道

这样,结婚前的恋爱都可以不要。"

柔嘉道:"我可是到现在还把恋爱看

de hěn rènzhēn."　Hóngjiàn liánmáng jiěshì dào:　"Wǒ búguò

得很认真。"鸿渐连忙解释道:"我不过

shì suíbiàn shuōshuo,　bìng bú shì shuō nǐ,　nǐ yě kěyǐ shuō

是随便说说,并不是说你,你也可以说

jiéhūn yǐqián méiyǒu fāxiàn wǒ de běnlái miànmào,　xiànzài

结婚以前没有发现我的本来面貌,现在

cái zhīdào."　Róujiā dào:　"Shuōle bàntiān húhuà,　zhǐyǒu

才知道。"柔嘉道:"说了半天胡话,只有

zhè yí jù hái zhòngtīng."　Liǎng gè duō yuè yǐhòu,　shěn

这一句还中听[1]。"两个多月以后,沈

xiānsheng zhōngyú dào Nánjīng zhèngfǔ zuòshì qù le,　shěn tàitai

先生终于到南京政府做事去了,沈太太

yě gēn tā yìqǐ qù le.

也跟他一起去了。

Yīnwèi bàozhǐ de yánlùn jīliè,　zǒng biānjí Wáng

因为报纸的言论[2]激烈[3],总编辑王

xiānsheng dé bú dào zhīchí,　cízhí le.　Fāng Hóngjiàn shì Zhào

先生得不到支持,辞职了。方鸿渐是赵

Xīnméi jièshào gěi Wáng xiānsheng de,　suǒyǐ Wáng xiānsheng

辛楣介绍给王先生的,所以王先生

tōngzhīle tā,　tā hé bié de jǐ gè biānjí yě yìqǐ tíchūle

通知了他,他和别的几个编辑也一起提出了

cízhí.　Tā zhàngren zhīdào hòu,　máng wèn tā dédào Róujiā

辞职。他丈人知道后,忙问他得到柔嘉

tóngyì méiyǒu.　Tā suíkǒu shuō tā tóngyì,　zhàngren bú xìn.

同意没有。他随口说她同意,丈人不信。

Nà tiān Fāng lǎo xiānsheng qǐng Hóngjiàn fūfù huíjiā

那天方老先生请鸿渐夫妇回家

chīfàn,　Róujiā yǐ cóng fùqin nàr zhīdào Hóngjiàn xiàng

吃饭,柔嘉已从父亲那儿知道鸿渐向

1. 中听: agreeable to the hearer

2. 言论: opinion

3. 激烈: fierce

188

bàoguǎn tíchū cízhí de shì, zài fànzhuō shang wèn Hóngjiàn,
报馆提出辞职的事,在饭桌上问鸿渐,

wèi shénme cízhí bù tóng tā shāngliang, yě bù lái zhèr
为什么辞职不同她商量,也不来这儿

qǐngjiào bàba. Fāng lǎo xiānsheng tīngle, xīnli yě guài
请教爸爸。方老先生听了,心里也怪

érzi, dàn zài xífù miànqián méiyǒu shuō. Fāng lǎo tàitai
儿子,但在媳妇面前没有说。方老太太

quàn Hóngjiàn chī cài, shuō: "Nǐ jìnlái shòu le. Zài jiā li
劝鸿渐吃菜,说:"你近来瘦了。在家里

chī xiē shénme? Róujiā zuòshì máng, méi gōngfu gěi nǐ
吃些什么?柔嘉做事忙,没工夫给你

zuòfàn, wèi shénme bú dào zhèr lái chī? Yòu bú huì bǎ nǐ
做饭,为什么不到这儿来吃?又不会把你

dúsǐ." Róujiā tīngle, liǎnsè dōu biàn le, huídào jiā li
毒死[1]。"柔嘉听了,脸色都变了,回到家里

yòu gēn Hóngjiàn shēngqì.
又跟鸿渐生气。

Fāng Hóngjiàn xīnli bú tòngkuài, chūqù dǎting qù
方鸿渐心里不痛快,出去打听去

Chóngqìng de lǚfèi yòu méi zhǎodào rén, huídào jiā zǒudào
重庆的旅费又没找到人,回到家走到

ménkǒu, tīngdào Róujiā de gūmǔ zhèngzài shuōhuà, biàn
门口,听到柔嘉的姑母正在说话,便

búyuàn jìnqù, zhèngzài yóuyù de shíhou, tīng tā shuō:
不愿进去,正在犹豫的时候,听她说:

"Hóngjiàn zhège rén, běnshì méiyǒu, píqi dào hěn dà."
"鸿渐这个人,本事没有,脾气倒很大。"

Tā xīnzhōng dà nù, jiù zhuǎnshēn zǒu le, zǒu de dùzi è
他心中大怒,就转身走了,走得肚子饿

1. 毒死: to poison to death

189

了,但口袋里没有带钱,只得又回家。

柔嘉见他回来,站起来问:"外面冷不冷?在哪儿吃的饭?"又说:"姑母来看你,等了半天你总不回来,我就留她吃饭了。"

鸿渐正在生气,就说:"哦!原来是她吃了我的饭,还说我的坏话。"

柔嘉明白他已经听见了她们的谈话,有点心慌[1],就说:"姑母还想在她工厂里给你找个事情做,你听到没有?"

鸿渐说:"谁要她找工作?你告诉她,方鸿渐'本事没有,脾气很大',不做她的走狗。我告诉你,我今天已经打电报给赵辛楣了。我走了以后,你不但可以留她吃饭,干脆搬到她家去,跟养的小狗一样!"

Baby 一样!"

---

1. 心慌: nervous

围 城
The
Besieged
City

柔嘉睁大了眼睛，听完，说："好，行李、衣服你自己去办，别找我。去年你在上海没有职业，跟赵辛楣到了内地；现在上海的事又没有了，又去内地找他，你不是他的走狗是什么？你去不去跟我没有关系。"

鸿渐再也忍不住了，说："那么请你别再开口。"伸手推了她的胸口，她气喘[1]着说："你打我？你打我！"他们的女用人原是孙小姐的奶妈，是把她一手照顾大的，这会儿，听见孙小姐被打了，说要告诉姑太太。争吵中，柔嘉顺手[2]抓起桌上的梳子扔过去，正好打在鸿渐的脸上。

鸿渐没有想到她会这样，看她的脸色又可怜又可怕，说："我出去了。"

1. 气喘: to breathe quickly

2. 顺手: handy

193

Fāng Hóngjiàn zǒu zài jiē shang, zhǐ tīng de yí gè
方 鸿 渐 走 在 街 上 ，只 听 得 一 个

shēngyīn： "Wán le! Wán le!" Tā gǎnjué bú dào tiān lěng,
声音："完了！完了！"他感觉不到天冷，

zhǐ juéde shēnshang lèi, dùzi è, dànshì kǒudài li méiyǒu
只觉得 身上 累，肚子饿，但是口袋里没有

qián. Kànkan biǎo shang shí diǎn yǐ guò, tā bù qīngchu zìjǐ
钱。 看看表上十点已过，他不清楚自己

shénme shíhou chūlái de, yòu wú chù kě qù, xīn xiǎng,
什么 时候 出来 的，又 无 处 可 去，心 想，

háishi huí jiā ba, jiùshì yùjiàn tā gūmǔ yě bú yòng pà,
还是回家吧，就是遇见她姑母也不用怕，

yěxǔ tā zǎo zǒu le. Tā yí jìnmén, fángdōng tàitai shuō：
也许她早走了。他一进门，房东[1]太太说：

"Nǐ jiā shào nǎinai bù shūfu, gēn yòngren yìqǐ shàng tā
"你家少奶奶不舒服，跟用人一起上她

gūmǔ jiā qù le. Zhè shì yàoshi." Tā dǎkāi zìjǐ de
姑母家去了。这是钥匙。"他打开自己的

jiā mén, kāile dēng. Duàn shūzi hái zài yuánlái de dìfang,
家门，开了灯。 断梳子还在原来的地方，

yīxiāng shǎole yì zhī. Tā dǎo zài chuáng shang, ruǎnruò de yào
衣箱少了一只。他倒在床 上，软弱得要

kū, Yòu xiǎng: Kě bù néng shēngbìng! Míngtiān yào qù jiè
哭，又 想：可不能 生病！明天要去借

lǚfèi. Jiùlìnián yěxǔ kěyǐ zài Chóngqìng guò, xīnli
旅费。旧历年也许可以在 重庆过，心里

sìhū yòu yǒule xīwàng. Bùzhī-bùjué zhōng, tā shuìzháo
似乎又有了希望。不知不觉中，他睡着

le, méiyǒu mèng, méiyǒu gǎnjué.
了，没有梦，没有感觉。

1. 房东: landlord

Qiáng shang de zhōng xiǎng qǐlái le, gòng xiǎngle liù
墙 上 的 钟 响 起来 了, 共 响了 六

xià, liù diǎnzhōng shì wǔ gè zhōngtóu yǐqián. Nà shíhou,
下, 六 点钟 是 五 个 钟头 以前。那 时候,

Fāng Hóngjiàn zài huíjiā lùshang zǒu, xiǎngzhe yào dài Róujiā
方 鸿渐 在 回家 路上 走, 想着 要 待 柔嘉

hǎo; Sūn Róujiā děng Hóngjiàn huílái chīfàn, xīwàng tā huì gēn
好;孙柔嘉 等 鸿渐 回来 吃饭, 希望 他 会 跟

gūmǔ héhǎo, dào tā chǎng li qù zuòshì. Zhè zhǐ zǒu de
姑母 和好[1],到 她 厂 里 去 做事。这 只 走 得

tài màn de shízhōng duì rénshēng de fěngcì hé gǎnshāng bǐ
太 慢 的 时钟 对 人生 的 讽刺[2] 和 感伤[3] 比

yíqiè yǔyán hái yào shēnkè.
一切 语言 还要 深刻。

1. 和好: reconciled
2. 讽刺: satire
3. 感伤: sadness

Tips

❶媳妇: Here the term means daughter-in-law.

❷南京伪政府: The illegitimate Nanjing government: the government set up in occupied Nanjing in 1940 by the traitor Wang Jingwei under the support of the Japanese government. 伪: false, illegitimate, without popular support.

Exercises

1. 孙柔嘉回到上海,住在娘家,是因为: （ ）

　　A. 她怕生,不愿意住在婆家

　　B. 她知道方鸿渐家里没有房子

　　C. 二奶奶和三奶奶不满意她

2. 方鸿渐夫妇新房里的家具：　　　　　　　　（　　）
   A. 都是自己买的
   B. 一个房间的家具是自己买的,另一个房间的家具是孙柔
      嘉的姑母送的
   C. 一个房间的家具是孙柔嘉姑母送的,另一个房间的家具
      是孙柔嘉父母送的

3. 关于赵辛楣请方鸿渐去重庆的事,孙柔嘉的意见是：
   A. 两个人都不去
   B. 两个人一起去
   C. 方鸿渐一个先去

Questions

1. 为什么说方老先生为孙柔嘉在家里树了两个敌人?
2. 为什么孙柔嘉第一次到方家吃饭,大家都不愉快?
3. 方鸿渐为什么向报馆辞职?
4. 方鸿渐为什么要去重庆?
5. 方老先生给方鸿渐夫妇的那座老钟有什么讽刺意义?

中国名著简读系列——家，春，秋
Abridged Chinese Classic Series
— Family, Spring, Autumn

汉英 Chinese-English edition, by *Ba Jin*

MP3

MP3

MP3

家
Family
ISBN 9787802003910
152pp，145×210mm
￥39.00

春
Spring
ISBN 9787802003927
144pp，145×210mm
￥39.00

秋
Autumn
ISBN 9787802003934
200pp，145×210mm
￥42.00

MP3

中国名著简读系列
——中国古诗百首读
100 Ancient Chinese Poems

汉英 Chinese-English edition
ISBN 9787802003958
145×210mm，163pp
￥39.00

汉语分级阅读（1，2，3）
Graded Chinese Reader (I, II, III)
Selected Abridged Chinese Contemporary Short Stories

▶ 汉英 Chinese-English edition
   145×210mm

ISBN 9787802003743,
239pp，￥42.00

ISBN 9787802003750,
257pp，￥42.00

ISBN 9787802004153,
299pp，￥42.00

● 精选中国当代作家中短篇小
说，反映中国当代普通人的生
活。第三册的词汇量控制在 1000 个，第一册控制在 2000 个，第二册控制
在 3000 个。

● Abridged versions of short stories and novellas written by contemporary
Chinese writers reflecting everyday life of ordinary Chinese people. The
words are based on the HSK outline.

汉语阅读课本——中国那些事儿
Pieces of China — A Reading Textbook

▶ 汉英Chinese-English edition
   ISBN 9787802006317,
   144pp，285×210mm
   ￥42.00

● 本教材定位准、实用性趣味性强，侧重文化
国情介绍，融入文化元素、突出汉语特色，
形式灵活。

● The students can learn about Chinese
culture while studying Chinese and
therefore gain cross culture perspective of
China.

汉语快速阅读训练教程（上、下）
A Course for Chinese Speed Reading (I, II)

▶ 汉英 Chinese-English edition
285×210 mm

I: ISBN 9787802006294
164pp，￥65.00

II: ISBN 9787802006300
172pp，￥65.00

● 教程选文涵盖当代外国学生普遍关注的国际社会和中国社会热点话题类文章以及社会知识和自然知识类文章。

● Articles cover issues concerning international community, China's society and the knowledge of nature and society, which will be found interesting by foreign students.

汉语流行口语
Popular Chinese Expressions

▶ 汉英 Chinese-English edition
ISBN 9787802001008
158×230mm，349pp，
￥59.80

流行汉语
Popular Chinese Expressions

▶ 汉英 Chinese-English edition
ISBN 9787802003880
145×210mm，196pp
￥39.80

For more information, visit us at www.sinolingua.com.cn
Email: hyjx@sinolingua.com.cn，　**Tel:** 0086-10-68320585,68329621

责任编辑： 陆　瑜
英文编辑： 郭　辉
封面设计： 古　手
插　图： 贾　洁
印刷监制： 佟汉冬

图书在版编目（CIP）数据

围城 / 施光亨，王绍新改写. —北京：华语教学出版社，2007
（中国名著简读系列）
ISBN 978-7-80200-390-3

Ⅰ. 围… Ⅱ. ①施… ②王… Ⅲ. 长篇小说—文学欣赏—中国—现代
Ⅳ. I207.425

中国版本图书馆CIP数据核字（2007）第192074号

围　城

钱锺书　原著

施光亨　王绍新　改写、注释
韩　晖　注释英译
＊
© 华语教学出版社有限责任公司
华语教学出版社有限责任公司出版
（中国北京百万庄大街24号　邮政编码 100037）
电话: (86)10-68320585 68997826
传真: (86)10-68997826 68326333
网址: www.sinolingua.com.cn
电子信箱: hyjx@sinolingua.com.cn
北京密兴印刷有限公司印刷
1994年（40开）第1版
2008年（32开）第2版
2012年第2版第3次印刷
（汉英）
ISBN 978-7-80200-390-3
9-CE-3862P
定价: 38.00元